Lotti, La Blanche

Gabriella Baumann-von Arx

Lotti, La Blanche

Eine Schweizerin
in den Elendsvierteln
von Abidjan

WERDVERLAG

Alle im Buch verwendeten Fotos stammen
von Gabriella Baumann-von Arx.

Lektorat: Katharina Rengel
Korrektorat: Heike Burkard, Rorbas
Umschlag und Gestaltung:
Buch & Grafik, Barbara Willi-Halter, Zürich
Satz und Umbruch: Manuel Süess, Zürich
Karte: Edith Huwiler
Herstellung: Rolf Schöner

ISBN 3-85932-461-6

www.werdverlag.ch

www.lottilatrous.ch

Spendenkonto:
UBS Genf
O.N.G. Espoir
0240-428 654.00E

Inhalt

Für Aziz, Selim, Sonia und Sarah,
die verzichten, damit andere bekommen.

«Il faut faire un effort»

Als Gabriella Baumann-von Arx mit der Bitte an mich herantrat, ein Buch über mich schreiben zu dürfen, war ich im ersten Moment davon überzeugt, dass dies nie zu Stande käme. Wir hatten in der Elfenbeinküste Krieg, und ich hatte damals weder Lust noch Musse, auch nur einen Gedanken an ein solches Projekt zu verschwenden. Heute bin ich froh, dass es anders kam. Nicht nur, weil die nochmalige Auseinandersetzung mit meiner Geschichte mich darin bestärkt hat, das Richtige zu tun. Sondern auch, weil ich hier und jetzt die Gelegenheit erhalte, den Menschen Danke zu sagen, die mir meine Arbeit erst ermöglichen. Das sind, neben vielen uns wohlgesinnten Spendern, meine Freunde, meine Geschwister, meine Mutter. Das sind unsere Kinder Selim, Sonia und Sarah. Das ist mein verständnisvoller Mann Aziz. Dank der grenzenlosen Liebe meiner Familie kann ich helfen, trösten, pflegen, ermutigen; kann ich Hoffnung und Zuversicht geben und – am Schluss, wenn nichts anderes mehr bleibt – meine Kranken auf ihrem letzten Weg begleiten.

Lotti Latrous

Die Familie

Aziz – Lottis Mann
Selim – Lottis Sohn (1979)
Sonia – Lottis Tochter (1981)
Sarah – Lottis Jüngste (1989)

Die Mitarbeiter

Dr. Germain Gnode, Arzt; **Adelaide,** Breimutter; **Monsieur Konaté,** Nachtwache; **M. Koné,** Nachtwache; **YaYa,** Pfleger; **Felix,** Pfleger; **Monique,** Krankenschwester; **Josiane,** Pflegerin; **Hortense,** Köchin; **Solange,** Kindermädchen; **Ouattara,** Nachtwächter; **Emmanuel,** Sprechstundenorganisator.

Die Menschen im Spital

Arlette, 28, Mutter von **Osé**, 3, und **Hermas**, acht Monate; **Maryam,** 24, Mutter von **Yusuf**, 8; **Noëlle**, 29, Mutter von **Emanuel**, 20 Monate; **Chantal**, 21, Mutter von **Christ**, 4; **Assita**, 38, Mutter von **Bouba**, 12; **Mohamed**, siebzehn Monate, Vollwaise; **Aïcha**, 19; **Lea**, 37; **Therese**, 37; **Jeannette**, 27; **Jean-Marie**, 31; **Monsieur Jean**, 34; **Alphons**, 42; **Felix**, der blinde Nigerianer, 60.

Das Ambulatorium

Das **Centre Espoir** öffnete am 1. Februar 1999 sein oranges Tor.
Bis Ende August 2003 wurden gut 90 000 Konsultationen gemacht.

Das Spital

Centre Espoir d'Eux feierte seine Eröffnung am 2. September 2002, innerhalb eines Jahres wurden 400 Patienten behandelt. 150 von ihnen starben.

Lotti Latrous hat mit diesen beiden Zentren 25 Arbeitsplätze geschaffen.

Die Elfenbeinküste (Côte d'Ivoire), mit Yamoussoukro, der Hauptstadt, und Abidjan, der Wirtschaftsmetropole.

E-Mails

Von: Gabriella Baumann-von Arx

Datum: **5. November 2002**

An: Lotti Latrous

Betreff: **Eine Anfrage.**

Liebe Frau Latrous

In der Sendung «Sternstunde Philosophie» des Schweizer Fernsehens habe ich zufällig einen Beitrag über Sie gesehen und ein paar Tage später - wieder zufällig - einen Bericht gelesen, der Sie porträtierte. Und zwar in der Zeitung der Migros, im «Brückenbauer». Ihre Arbeit in den Elendsvierteln von Abidjan, der Wirtschaftsmetropole der Elfenbeinküste in Westafrika, beeindruckt mich. Die Tatsache, dass Sie es aus eigener Initiative geschafft haben, erst ein Ambulatorium und kürzlich auch noch ein Sterbespital zu eröffnen, imponiert mir. Sie haben dafür ein Leben fernab von Ihrer Familie gewählt, und trotzdem ist Ihre Familie nicht daran zerbrochen. Ich bin fasziniert - ich möchte ein Buch über Sie schreiben.

Ich bin Journalistin und Autorin, verheiratet, Mutter von zwei Teenagern und ehemalige Arztgehilfin. Ich würde in Ihrem Spital beim Anblick von eiternden Wunden also nicht gleich aus den Socken kippen.

Es würde mich freuen, bald etwas von Ihnen zu hören.

Mit freundlichen Grüssen

Gabriella Baumann-von Arx

Von: Lotti Latrous

Datum: **6. November 2002**

An: Gabriella Baumann-von Arx

Betreff: **Eine Antwort.**

Liebe Gabriella

Herzlichen Dank für Ihr Angebot, ich muss Ihnen aber sagen, dass ich vorhabe, selbst ein Buch zu schreiben. Vor sechs Jahren nämlich begann ich hier in Abidjan im Sterbekrankenhaus von Mutter Teresa zu arbeiten. Ich war damals eine privilegierte Frau, die über den Schmerz und das Leiden der Menschen im Krankenhaus in arge Schuldgefühle verfiel. Um meine Erlebnisse verarbeiten zu können, begann ich, alles aufs Papier zu kotzen. (Verzeihen Sie diesen harten Ausdruck, aber es gibt keinen passenderen dafür.)

Während der folgenden Jahre, in denen ich ein eigenes Ambulatorium eröffnete, schrieb ich immer wieder. Obwohl meine Muttersprache Schweizerdeutsch ist, schreibe ich auf Französisch, da mir diese Sprache inzwischen leichter fällt.

Doch seit ich nun auch noch das Sterbespital eröffnet habe, komme ich kaum mehr zum Schreiben.

Nun zu Ihrer Anfrage: Da ich momentan selbst keine Zeit finde zu schreiben, freut sie mich, sie irritiert mich aber auch, weil ich nicht weiss, ob jemand anders als ich selbst dieses Buch schreiben kann.

Wenn ich mein Tagebuch lese, merke ich, dass die Worte direkt aus meinem Herzen kommen und für mich wertvoller sind als alles Gold der Erde. Sie sind mein ganzes Leben. Sind Schmerz und Leid, Liebe und Hoffnung.

Nun lasse ich Sie überlegen, liebe Gabriella, was da weiter zu machen wäre.

Ganz herzlich

Lotti Latrous

Von: Gabriella Baumann-von Arx

Datum: **7. November 2002**

An: Lotti Latrous

Betreff: **Du?**

Liebe Lotti

Danke für die prompte Antwort, sie ist so persönlich, dass ich mir erlaube, dir das Du anzubieten. Ich hoffe und setze voraus, du bist damit einverstanden.

Aus deiner E-Mail sehe ich, dass du das Buch selbst schreiben könntest. Also, warum lass ich jetzt nicht einfach los und nehme deine Zeilen als Absage?

Ganz einfach: Du interessierst mich inzwischen noch mehr. Ich brenne darauf, dich und deine Arbeit kennen zu lernen, weil ich glaube, dass die Welt viel von dir erfahren sollte und - vor allem - viel lernen könnte.

Ich möchte dich besuchen, möchte dich am Tag bei deiner Arbeit begleiten, nächtelang mit dir zusammensitzen, dich reden lassen, dir zuhören, mehr von dir erfahren, dich und deine Umwelt ganz direkt erleben. Und dann nach Hause gehen und schreiben. Auch aus dem Herzen heraus, aber - mit einer professionellen Distanz.

Wenn du es selbst angehen willst, kann ich gut damit leben. Hauptsache, es passiert etwas in dieser Richtung, denn in deiner Geschichte, da bin ich mir sicher, liegt ein riesiges Potenzial.

Ich freue mich, wieder von dir zu hören.

Gabriella

Von: Lotti Latrous

Datum: **10. November 2002**

An: Gabriella Baumann-von Arx

Betreff: **du!**

liebe gabriella

hab dank für deine zeilen. ich werde dir in kleinschrift antworten, denn nur schon auf deutsch schreiben zu müssen, ist für mich in der zwischenzeit sehr anstrengend geworden.

ich spüre, dass du mich stärker einschätzt, als ich es tatsächlich bin. ich gehe oft durch endlose, dunkle tunnels, habe hunderte von fragen und finde keine antworten darauf. abgesehen davon weiss ich nicht, ob ich es verkraften könnte, das, was ich bereits geschrieben habe, noch einmal zu erzählen. ich habe keine ahnung, ob ich fähig wäre, alles ein zweites mal zu durchleben und zu durchleiden. allein beim gedanken daran überwältigen mich die gefühle, weil einiges nach wie vor schmerzt. hinzu kommt, dass ich vieles auch gar nicht mehr so wiedergeben kann wie einst, da ich – um mich selbst zu schützen – in der zwischenzeit härter geworden bin.

du musst wissen, dass ich oft unter starken schuldgefühlen meiner familie gegenüber leide, die ohne mich leben muss. es geht mittlerweile zwar besser, aber es schmerzt immer noch.

oft liege ich nachts auf meiner matratze und weine. aus wut, aus frustration, manchmal auch aus einsamkeit, denn ich habe keine echten freunde, die meine wahl, hier zu bleiben, wirklich verstehen, geschweige denn akzeptieren.

die wenigsten haben eine ahnung, was mir der tägliche umgang mit dem tod bedeutet, können verstehen, dass nicht ich den kranken und sterbenden helfe, sondern sie mir. die menschen, die ich pflege, bringen mich dem leben näher, schenken mir inneren frieden und glück.

so, liebe gabriella, nun liegt es an dir, zu «hirnen», was zu machen ist.

lotti

Von: Gabriella Baumann-von Arx

Datum: **11. November 2002**

An: Lotti Latrous

Betreff: **Eine Anregung.**

Liebe Lotti

Du schreibst, du fragtest dich, ob du es verkraften könntest, alles noch einmal hervorzuholen und zu erzählen. Eine Antwort darauf kann ich dir nicht geben, nur eine Anregung: Vielleicht hilft es dir, wenn du alles noch einmal ausgräbst, abermals darüber redest und der Welt sagen kannst, was du warum, weshalb und wieso entschieden hast.

Du schreibst, die meisten Menschen könnten deine Entscheidung, deine Familie zu verlassen, nach wie vor nicht akzeptieren und verständen nicht, was der tägliche Umgang mit todkranken Menschen dir bringt. Sagen wir es ihnen doch!

Du schreibst, du seiest in der Zwischenzeit härter geworden. Kein Nachteil, liebe Lotti, sondern ein Vorteil, denn heute kannst du mit mehr Abstand über alles reden, das macht deine Geschichte erträglicher.

Du schreibst, es sei an mir zu «hirnen», was zu machen sei. Ich muss nicht «hirnen», ich weiss es: einen Versuch wagen. Uns sehen. Herausfinden, ob die Chemie stimmt.

Ich werfe dir den Ball zurück.

Gabriella

Von: Lotti Latrous

Datum: **15. November 2002**

An: Gabriella Baumann-von Arx

Betreff: **ein entscheid.**

liebe gabriella

so, nach einigen schlaflosen nächten bin ich einverstanden. versuchen wir den versuch! (falls du immer noch möchtest.) jetzt liegt der ball wieder bei dir. ich warte auf das weitere.

lotti

Von: Gabriella Baumann-von Arx

Datum: **16. November 2002**

An: Lotti Latrous

Betreff: **Wann?**

Liebe Lotti

sei versichert - ich möchte immer noch!

Wann kann ich kommen?

Gabriella

Von: Lotti Latrous

Datum: **18. November 2002**

An: Gabriella Baumann-von Arx

Betreff: **re: wann?**

liebe gabriella

wie so oft, habe ich auch dieses mal wieder gemerkt, dass der gedanke, eine wichtige entscheidung treffen zu müssen, unglaublich viel energieraubender ist, als diese tatsächlich zu treffen. ich habe endlich wieder einmal gut geschlafen.

aber denk daran: es wird die hölle sein. für uns beide, denn sobald ich einmal loslege, kann mich nichts und niemand mehr stoppen.

du fragst, wann du kommen kannst? eigentlich gar nicht, denn hier im land läuft einiges schief. die politischen probleme haben dazu geführt, dass einige regierungsfeindliche rebellen am 19. september einen aufstand gewagt haben. seither

haben wir eine zermürbende ausgangssperre. aber das ist noch nicht alles, die zeichen stehen auf krieg! jetzt zu kommen, wäre sicher nicht ratsam.
lotti

Von: Gabriella Baumann-von Arx
Datum: **19. November 2002**
An: Lotti Latrous
Betreff: **Re: Re: Wann?**

Liebe Lotti

Ich habe im Internet auf der Seite des Eidgenössischen Amts für auswärtige Angelegenheiten (EDA) gesurft. Du hast Recht, man rät von Reisen an die Elfenbeinküste ab. Hier der Wortlaut der Meldung:

«Am 19.09.2002 ist es in Abidjan, Bouake und Korhogo zu Kämpfen zwischen abtrünnigen Militärs und regierungstreuen Truppeneinheiten gekommen, die mehrere Todesopfer gefordert haben. Wie die Regierung am 20.09.2002 mitteilt, hat sie die Lage in Abidjan wieder unter Kontrolle. Die Situation ist im ganzen Land sehr angespannt, und es gilt eine nächtliche Ausgangssperre.

Bis zur Klärung der Sicherheitslage wird von Reisen nach Côte d'Ivoire abgeraten. Schweizer Bürgerinnen und Bürgern, die sich bereits im Land befinden, wird empfohlen, möglichst zu Hause zu bleiben und auf nicht dringende Fahrten zu verzichten. Reisen von Abidjan ins Landesinnere sollten unbedingt unterbleiben.»

Trotzdem: Ich möchte vorwärts machen, möchte, was ich - per Zufall - am Fernsehen gesehen habe, erleben. Möchte dich, die moderne Mutter Teresa, kennen lernen.

Gabriella

Von: Lotti Latrous

Datum: **20. November 2002**

An: Gabriella Baumann-von Arx

Betreff: **eine ganz normale frau!**

liebe gabriella

das eidgenössische amt für auswärtige angelegenheiten hat recht, wenn es von reisen abrät. es wird also vielleicht übermorgen, bis du kommen kannst.

eines aber musst du jetzt schon wissen:

vergleiche mich nicht mit mutter teresa. sie war eine katholische nonne, die alles für gott machte. ich hingegen bin eine ganz normale frau, die das, was sie tut, aus wut tut. aus wut darüber, dass die welt keine skrupel kennt.

lotti

Von: Gabriella Baumann-von Arx

Datum: **21. November 2002**

An: Lotti Latrous

Betreff: **Re: Eine ganz normale Frau!**

Liebe Lotti

Der Vergleich mit Mutter Teresa drängt sich auf, aber ich erkläre im Buch gerne, warum du glaubst, dieser sei ungerechtfertigt.

Aber - keine Angst: Ich will dich nicht heilig sprechen.

Gabriella

Von: Lotti Latrous

Datum: **22. November 2002**

An: Gabriella Baumann-von Arx

Betreff: **gestern nacht.**

liebe gabriella

gestern nacht, das heisst, es war bereits drei uhr morgens, hörte ich vor unserem ambulatorium schreie und ging hinaus. ich fand eine frau, die auf dem boden lag. in dreck und staub, dort, wo die hunde hinpinkeln und die leute hinspucken. die frau versuchte, ihr kind zu gebären, das mit den füssen voraus kam und dessen köpfchen eingeklemmt war. sie hätte dringend ins krankenhaus gebracht werden müssen. aber da ausgangssperre ist, konnte ich sie nicht hinfahren. alles, was ich tun konnte, war, mit meinem handy die polizei zu rufen. es dauerte eine unsäglich lange stunde, bis diese da war. zu lang. viel zu lang für das baby. als wir im krankenhaus ankamen, war es tot. wenigstens konnte die mutter gerettet werden.

stell dir vor, du oder ich hätten so gebären müssen, stell dir vor, wir hätten dort im dreck gelegen, stell dir vor, es könnte jede von uns treffen.

lotti

Von: Gabriella Baumann-von Arx

Datum: **23. November 2002**

An: Lotti Latrous

Betreff: **Re: Gestern Nacht!**

Liebe Lotti

Dein Erlebnis mit dem Baby hat mich tief berührt und hinterlässt mich ebenso fassungs- wie sprachlos.

Ich habe mich in Sachen politisches Klima der Elfenbeinküste informiert. Am klärendsten fand ich einen Bericht von Anneliese Tenisch, der im «Echo der Zeit» auf Radio DRS 1 ausgestrahlt wurde.

«Die Côte d'Ivoire, einstige Vorzeigekolonie Frankreichs, zählte noch vor ein paar Wochen zu den reichsten Ländern Afrikas, sie war ein Hort der Sicherheit und Stabilität und die wirtschaftliche Lokomotive für die ganze Region Westafrikas, nicht zuletzt wegen ihres Hafens Abidjan.
Das Land war der weltweit wichtigste Kakaoproduzent, produzierte und exportierte daneben auch noch verschiedene andere Agrarprodukte. Die Triebfeder für die momentan stattfindenden Kämpfe liegt weit zurück und hat ihren Ursprung in den Millionen von Immigranten, die aus den umliegenden Ländern - aus Mali, Guinea, Burkina Faso, Senegal und Nigeria - in den fruchtbaren Plantagen der Elfenbeinküste seit Generationen Arbeit fanden und oftmals seit Jahrzehnten an der Côte

d'Ivoire leben. Eine Klausel in der Verfassung des Landes verweigert ihnen aber eine Einbürgerung und damit auch den Landbesitz. Die daraus resultierenden ethnischen Spannungen entluden sich erstmals im Präsidentenwahljahr 1995, als der einzige aussichtsreiche Gegenkandidat, der frühere Premierminister, der Muslime Alassane Ouattara, mit der Begründung der ‹mangelnden Ivoirité› – seine Mutter stammte ursprünglich aus Burkina Faso –, ausgeschlossen wurde. Bei den Wahlen im Jahr 2000 wurde Ouattara, inzwischen eine Symbolfigur der muslimisch-nordivoirischen Elite – wegen der nach wie vor mangelnden Staatsbürgerschaft – abermals nicht zugelassen. Der damalige Sieger dieses nicht fairen und freien, dafür umso blutigeren Urnengangs, der christliche Laurent Gbagbo, verteidigt die ‹Ivoirité›-Klausel nach wie vor. Der lang gehegte Unmut darüber, was die ivoirische Identität ausmacht, entlud sich am 19. September 2002 erneut, als eine Gruppe Soldaten gegen Präsident Gbagbo putschte. Ihre Begründung: Der christliche, im Süden lebende Präsident unterdrücke den muslimischen Norden und schüre den Hass gegen die rund vier Millionen Immigranten aus den umliegenden Ländern. Der Putsch schlug zwar fehl, die Rebellen brachten aber den Norden des Landes unter ihre Kontrolle. Im November tauchten im Westen – an der Grenze zu Liberia – zwei neue Rebellengruppen auf, worauf Frankreich 2500 Soldaten in die Elfenbeinküste entsandte. Zum einen, um die wirtschaftlichen Interessen zu wahren, zum anderen, um die rund 20 000 Landsleute zu beschützen, die in der Elfenbeinküste leben.»

Ich habe heute übrigens mit der Schweizer Botschaft in Abidjan telefoniert, sie raten mir dringend ab, in den nächsten Wochen zu reisen.

Gabriella

Von: Lotti Latrous

Datum: **24. November 2002**

An: Gabriella Baumann-von Arx

Betreff: **warten.**

liebe gabriella

die politische lage wird im radiobericht perfekt beschrieben, und die botschaft hat recht, du musst warten, mindestens bis entschieden ist, ob die situation mit verhandlungen geklärt werden kann oder ob es zum krieg kommt. ich tippe eher auf zweiteres, denn die regierung, also gbagbo (schwieriger name, man spricht ihn bag-bo aus), wird nicht akzeptieren, dass zwischen dem norden und dem süden eine neue grenze gezogen wird.

momentan ist es hier jederzeit möglich einzureisen, aber vielleicht wirds mit der ausreise schwierig, und das kannst du dir mit zwei kindern zu hause nicht erlauben. also, warte bis mitte dezember, hab noch etwas geduld.

lotti

Von: Gabriella Baumann-von Arx

Datum: **25. November 2002**

An: Lotti Latrous

Betreff: **Ungeduld.**

Liebe Lotti

Ich weiss, dass ich warten muss, ungeduldig bin ich trotzdem.

Gabriella

Von: Lotti Latrous

Datum: **27. November 2002**

An: Gabriella Baumann-von Arx

Betreff: **geduld!**

liebe ungeduldige frau

übe dich in geduld, lerne sie kennen! die erste afrikanische weisheit ist, geduld nicht nur zu haben, sondern sich auch gedulden zu können. wer hier keine geduld aufbringt, wird - schlicht und einfach und ziemlich schnell - verrückt.

wir haben viele kranke im moment, zu viele. ich musste neue matratzen bestellen und sie auf den boden legen, damit alle ein bett haben.

lotti

Von: Gabriella Baumann-von Arx

Datum: **28. November 2002**

An: Lotti Latrous

Betreff: **Okay?**

Liebe Lotti

Okay, dann werde ich jetzt eben Geduld nicht nur haben, sondern mich auch gedulden, ist ja - mit bald zweiundvierzig Jahren - ohnehin an der Zeit.

Gabriella

Von: Lotti Latrous

Datum: **29. November 2002**

An: Gabriella Baumann-von Arx

Betreff: **un-geduld!**

liebe gabriella

ich bin - bald fünfzig - selbst daran, die afrikanische geduld zu verlieren.

lotti

Von: Gabriella Baumann-von Arx

Datum: **30. November 2002**

An: Lotti Latrous

Betreff: **i.O.?**

Guten Morgen, liebe Lotti

Keine Geduld mehr! Bin am Vorbereiten, werde heute noch den Pass verlängern, beim Tropeninstitut für die Gelbfieber-Impfung und die Malariaprophylaxe vorbeischauen und auch noch Passfotos machen, die ich für das Visum brauche. Ich möchte es gleich morgen beantragen. Unglaublich, was die Botschaft der Elfenbeinküste alles vorgelegt haben will! Auch eine Referenz in Abidjan sowie die Adresse, wo ich schlafen werde. Ich habe beide Male deine Adresse angegeben, geht das in Ordnung?

Übrigens - wo werde ich schlafen?

Gabriella

Von: Lotti Latrous

Datum: **1. Dezember 2002**

An: Gabriella Baumann-von Arx

Betreff: **i.o.!**

liebe gabriella

du kannst bei uns im zentrum schlafen, ich habe für besucher wie dich zwei kleine zimmer bauen lassen.

hast du gehört, dass eine neue rebellengruppe nochmals ein paar städte eingenommen hat? diesmal sind liberianer und sierra leoner dabei, und das sind schlimme krieger. vor denen habe sogar ich angst. die atmosphäre ist zum zerreissen gespannt, und ich bin sicher, dass es zum krieg kommt. unklar ist nur wann. ich weiss nicht mehr, was ich dir raten soll!

lotti

Von: Gabriella Baumann-von Arx

Datum: **3. Dezember 2002**

An: Lotti Latrous

Betreff: **Pantöffelchen.**

Liebe Lotti

Ich werde warten, werde dann kommen, wenn - vielleicht nicht alles, aber doch wenigstens einiges - stimmt.

Ich war gestern in Bern, in der Botschaft der Elfenbeinküste, um das Visum zu beantragen. Ich hätte das auch per Post erledigen können, aber ich konnte es mir nicht verkneifen, persönlich vorbeizugehen.

Die «Femme du Visa» sass in einem - gelinde ausgedrückt - etwas chaotischen Raum. Auf ihrem Schreibtisch lag eine Zehnerpackung Strumpfhosen in Grösse XXL für zehn Franken, hinter ihr auf dem Boden waren rosarote Pantöffelchen, das eine drei Meter vom anderen entfernt. Vor dem Schreibtisch stand ein Stuhl. Ich übergab der Dame das Couvert stehenden Fusses. Sie öffnete es, schüttelte den Inhalt - 120 Franken, den Pass, den internationalen Gelbfieber-Impfausweis, das frankierte und bereits eingeschriebene Rückantwortcouvert, die Rückreisebestätigung, das Certificat d'Hébergement sowie die vier eigenhändig und in stundenlanger Arbeit vollständig ausgefüllten Visa-Anträge - achtlos auf den Tisch, warf einen Blick auf das entstandene Durcheinander und legte dann alles auf einen Berg von losen Blättern und dicken Akten. Dann schaute sie mich an und sagte: «au revoir.» Etwas perplex über die Eile - ich war noch keine dreissig Sekunden bei ihr - zottelte ich ab. Und nun bin ich gewaltig gespannt, ob es mit dem Visum klappt.

Gabriella

Von: Lotti Latrous

Datum: **4. Dezember 2002**

An: Gabriella Baumann-von Arx

Betreff: **re: pantöffelchen.**

liebe gabriella

gut, bist du selbst bei der botschaft vorbeigegangen, so hast du bereits einen kleinen eindruck von afrika bekommen.

es läuft nicht gut im land, wir warten, warten, warten. ich weiss schon bald nicht mehr worauf. ruhe, frieden, darauf, dass die vor drei (!) monaten verhängte ausgangssperre von sechs uhr abends bis sechs uhr morgens endlich aufgehoben wird, denn die macht uns mürbe. niemand versteht all die sch..., die hier abgeht. aber ändern können wir nichts, wir können nur hoffen, dass bald eine lösung gefunden wird. eine ohne krieg.

lotti

Von: Gabriella Baumann-von Arx

Datum: **6. Dezember 2002**

An: Lotti Latrous

Betreff: **Re: Re: Pantöffelchen.**

Liebe Lotti

Warten - ihr auf Ruhe und Frieden, die Kinder auf den Samichlaus, ich auf Abidjan und dich.

Dass es nicht gut geht, dass ihr im Schlamassel steckt, nicht wisst, wies weitergehen soll, ob Krieg kommt oder nicht - all das berührt mich. Berührt mich mehr als andere schlechte Nachrichten, mehr als der drohende Irak-Krieg, weil ich nun einen direkten Bezug zur Elfenbeinküste habe.

Warten wir.

Gabriella

Von: Lotti Latrous

Datum: **8. Dezember 2002**

An: Gabriella Baumann-von Arx

Betreff: **nonchalance.**

liebe gabriella

in der nähe von zwei grossen städten wurden zwei riesige massengräber entdeckt. rebellen und regierung schieben sich die schuld dafür gegenseitig in die schuhe. nach diesem vorfall haben wir die hoffnung auf frieden aufgegeben, wir sind der schlechten nachrichten müde, möchten, dass der alptraum ein ende hat.

am sonntag ist mir ein fünfzehnjähriger junge unter der hand gestorben, weil sein vater die umgerechnet achtzig schweizer franken für eine operation im öffentlichen krankenhaus nicht auftreiben konnte und die familie zu spät von uns und unserem im notfall kostenlosen ärztlichen angebot hörte.

du musst dir vorstellen, im krankenhaus machte keiner der ärzte auch nur den kleinen finger krumm. im gegenteil, sie nahmen in kauf, dass der junge unter ihren augen - entschuldige - verreckte. der vater kam mit seinem sohn dann aber doch noch zu uns. wie gesagt, zu spät, er starb an einem darmdurchbruch. die ursache dafür? nun, der junge hatte mit kollegen fussball gespielt und dabei einen kick in den bauch bekommen.

stell dir vor: dein sohn, gut und mit aller liebe der erde erzogen, ein junge, auf den du stolz bist, ein wunderbarer junger mensch, der gerne in die schule geht, charmant und offen ist - und du verlierst ihn wegen eines fussballspiels und fehlender achtzig franken. verlierst ihn unter den augen von ärzten!

solche fälle mehren sich hier, die gleichgültigkeit der menschen ist nicht zu fassen, ich hätte wieder einmal morden können! (von wegen mutter teresa!)

heute ist mireille, einundzwanzig jahre jung, an aids gestorben, der vierte tod diese woche. morgen gehe ich mit sechs an aids erkrankten kindern zum kinderarzt. aids grassiert hier wie eine seuche. aber nicht nur aids und andere schlimme krankheiten machen uns zu schaffen. die menschen sind auch am verhungern. manchmal weiss ich nicht, wie ich den tag überstehen soll.

habe ich dir erzählt, dass ich für unsere aidspatienten, die noch arbeiten können, aber arbeitslos sind, da niemand ihnen arbeit geben will, einen gemüsegarten und eine kleine hühnerzucht aufbauen möchte? als ich mit einer bekannten, einer weissen, die im reichen teil der stadt lebt, darüber sprach, fragte sie mich, ob so etwas denn rentieren würde. ohhh, da hatte ich grosse lust, ihr eine hinter die ohren zu kleben. die welt ist komplett verdorben, alles muss rentieren, sonst lässt man es lieber gleich bleiben.

lotti

Von: Gabriella Baumann-von Arx

Datum: **10. Dezember 2002**

An: Lotti Latrous

Betreff: **Rendite.**

Liebe Lotti

Grauenvoll, was du erzählst: von dem Jungen, von Mireille, von Hunger und Aids. Trotzdem musste ich, als ich von der weissen Bekannten las, lachen. Fragt sie dich nach Rendite!

In den Zeitungen lese ich nichts Gutes. Die Elfenbeinküste, schreibt die «Neue Zürcher Zeitung», versinke immer mehr im Morast. Frankreich habe sein Truppenkontingent vergrössert und Fremdenlegionäre geschickt. Und in den Nachrichten habe ich Bilder von Menschen gesehen, die das Land fluchtartig verlassen. Aber was erzähle ich da, schliesslich bist du ja vor Ort, erlebst alles hautnah mit.

Es hat übrigens bestens geklappt, das Visum ist gekommen.

Pass auf dich auf!

Gabriella

Von: Lotti Latrous

Datum: **12. Dezember 2002**

An: Gabriella Baumann-von Arx

Betreff: **deine nase.**

liebe gabriella

danke für deine mail. zeitung zu lesen und nachrichten zu sehen, ist gut, aber um wirklich zu wissen, wie es hier ist, fehlt dir das wichtigste: deine nase. kein bildmaterial, keine texte können dir den gestank vermitteln. den gestank von noch lebenden menschen, die auf dem schlachtfeld (oh pardon, ich wollte sagen, an der front) am verfaulen sind. genau wie meine patienten, die auch erst verwesen müssen, bevor sie sterben dürfen.

es fehlt dir das elend, das einen überkommt, wenn man ein sterbendes kind ans herz drückt. auch wenn es das hundertste ist, ich sage dir, es ist jedes mal ein eigener kleiner tod. worte und bilder lassen keine wut im bauch entstehen, keine trauer in der seele, keine frustration, die dir zeigt, wie unendlich klein und ohnmächtig du selbst bist. sie lassen nichts in dir explodieren, weil du nicht miterlebst, wie es der mutter das herz zerreisst.

und ein paar hundert meter weiter, im cyber-café der innenstadt, stolziert ein samichlaus herum. erfreut dutzende von privilegierten - weissen und schwarzen - kindern und stimmt mit ihnen das lied: «o tannenbaum» an.

um schreiben zu können, ist es wichtig, dass du alles selbst erlebst, die gerüche, den schmerz, die ungerechtigkeit: alles muss dir unter die haut gehen, und zwar so, dass du dabei fast selbst zu grunde gehst. erst dann kannst du - davon bin ich überzeugt - das ganze elend in worte packen, die berühren.

du machst dir keine vorstellung, was auf dich zukommen wird, du musst dich auf unerträgliches gefasst machen.

ich bereite weihnachten vor, backe guetsli, stell dir vor!, sorge für spielzeug, musik, einen christbaum und einen echten - schwarzen - samichlaus. an weihnachten wird es ein spezielles menü geben und für die kinder im sterbespital ein paar schuhe, auch wenn sie diese nicht mehr lange werden tragen können. zum dessert gibts jogurt und zum trinken coca-cola oder seven-up. die augen werden wieder einmal leuchten.

lotti

Von: Gabriella Baumann-von Arx

Datum: **13. Dezember 2002**

An: Lotti Latrous

Betreff: **Etwas auslösen.**

Liebe Lotti

Ja, ich weiss, es wird einiges auf mich zukommen, es wird alles andere als einfach. Und ich weiss, dass ich mir noch keine Vorstellung machen kann von dem, was dann tatsächlich über mich hereinbrechen wird. Aber ich weiss auch, dass deine Geschichte etwas auslösen kann. Und darauf freue ich mich.

Gabriella

Von: Lotti Latrous

Datum: **15. Dezember 2002**

An: Gabriella Baumann-von Arx

Betreff: **gewissen.**

liebe gabriella

hier ist alles beim alten, zu viele menschen sterben viel zu jung und unter zu grässlichen umständen. aber es gibt auch immer wieder solche, die gerettet werden können, und das ist unsere ganze motivation: zu wissen, dass noch viel mehr menschen ihr leben liessen, wenn wir aufgeben würden.

ich habe heute nicht viel zeit zum schreiben, denn es haben sich viele weisse angemeldet, die uns besuchen wollen. an weihnachten erwacht das eine oder andere schlechte gewissen. schade, dass man nicht das ganze jahr über an seine mitmenschen denkt. schade, dass nicht zwölfmal im jahr weihnachten ist.

lotti

Von: Gabriella Baumann-von Arx

Datum: **18. Dezember 2002**

An: Lotti Latrous

Betreff: **Zwölfmal Weihnachten?**

Liebe Lotti

Zwölfmal Weihnachten im Jahr wäre für uns der totale Irrsinn. Wir würden alle dick und fett, unsere Kinder würden an Verwöhnung ersticken, die alkoholbedingten Unfälle würden rasant steigen, die Familienstreitigkeiten eine noch höhere Scheidungsrate, als wir sie jetzt schon haben, hervorrufen. Der andauernde vorweihnachtliche Stress und die andauernde nachweihnachtliche Erschöpfung würden uns mit der Zeit ganz, ganz klein kriegen. Vielleicht würden wir dann aber auch merken, dass wir - bevor wir zwölfmal im Jahr Weihnachten zu feiern begannen - eigentlich jeden Tag Weihnachten hatten.

Gabriella

Von: Lotti Latrous

Datum: **20. Dezember 2002**

An: Gabriella Baumann-von Arx

Betreff: **zombie.**

liebe gabriella

weihnachten ist unendlich weit weg, hier ist alles ka-ta-stro-phal! ich bin total übermüdet, müsste einmal ausspannen. nur habe ich das rezept, abstand zu gewinnen, irgendwie verloren. eine weisse freundin sagte mir gestern: «zum glück kommt deine familie an weihnachten nicht, so wie du ausschaust, würdest du ihnen angst machen.» sie meinte, ich sehe aus wie ein zombie. sie hat recht. ich weiss, ich bräuchte dringend etwas distanz, aber jetzt zu gehen, wäre dasselbe wie abzuhauen.

die botschaften haben alle ausländer aufgefordert, das land zu verlassen, die meisten packen ihre ware, viele von ihnen sicherlich schweren herzens, denn eigentlich wäre das leben hier schön.

nein, weggehen und diese süsse frau mit ihren erst zwanzig jahren allein an aids krepieren lassen, kann ich nicht.
ich muss bei ihr bleiben, will auf ihrem bettrand sitzen, ihre hand halten, ihr zuhören, wenn sie singt. sie liebt es zu singen. sie singt: «ich liebe dich, ich liebe dich», streichelt mir mit ihren händen immer wieder übers gesicht und sagt: «weine nicht.» und ich weiss nicht mehr, wer wen tröstet.

schliessen wir das ambulatorium und das sterbespital jetzt - und wenn es nur für kurze zeit wäre -, sterben noch mehr menschen. auch an hunger. du musst wissen, wir verteilen pro monat zweitausendfünfhundert mahlzeiten und vierhundert portionen kinderbreie.

ich bleibe. und damit basta.

lotti

Von: Gabriella Baumann-von Arx

Datum: **22. Dezember 2002**

An: Lotti Latrous

Betreff: **Ich verstehe.**

Liebe Lotti

Ich verstehe, dass du nicht weglaufen magst, weil ich erkannt habe, dass du nicht nur mit deinem Herzen, sondern mit deiner ganzen Seele das tust, was du tun willst und tun musst.

Ich denke viel an dich.

Gabriella

Von: Lotti Latrous

Datum: **24. Dezember 2002**

An: Gabriella Baumann-von Arx

Betreff: **kein bier.**

liebe gabriella

ein arabisches sprichwort lautet: je mehr ich leide, desto nötiger habe ich das lachen. und genau dort liegt mein problem, ich habe hier niemanden mehr, mit dem ich lachen kann. alle sind weg.

was bleibt, ist schmerz, tod, leid und, als ob dies nicht schon genug wäre, grausam lange, einsame nächte. ausgangs-sperre und keine möglichkeit, in der nächsten kneipe ein bier zu trinken. an all dem gehe ich momentan fast zu grunde.

ich fühle mich fürchterlich egoistisch, weil ich klage und dabei nur an mich denke, verstehst du das?

am 26. dezember machen wir im sterbespital ein fest. ich freue mich darauf, wenigstens für ein paar stunden alles vergessen zu können. du feierst bestimmt heute, geniesse es.

lotti

Von: Gabriella Baumann-von Arx

Datum: **25. Dezember 2002**

An: Lotti Latrous

Betreff: **Nötig.**

Liebe Lotti

Du fühlst dich als Egoistin? Weil du von deinen Problemen erzählst? Ich glaube, das Fest morgen brauchst du nötiger als alle anderen!

Gabriella

Von: Lotti Latrous

Datum: **27. Dezember 2002**

An: Gabriella Baumann-von Arx

Betreff: **vergessen.**

liebe gabriella

es ist gut, dass ich geblieben bin. ich hatte ein wunderschönes fest im sterbespital. alle waren am tisch, sogar unser maurice, der den heutigen tag wahrscheinlich nicht überleben wird.

für viele war es das erste mal, dass sie an einem fest teilnahmen. es machte mich glücklich, all die strahlenden augen in den ausgemergelten gesichtern sehen zu dürfen, diese verwunderung darüber, dass sie dabei sein durften, dass für sie weder mühe noch kosten gescheut wurden, dass der tisch für sie gedeckt war.

es gab bier, gebackene ente, foutou - ein afrikanisches gericht - kuchen und jogurt und sogar geschenke: schuhe, tücher und für die muslime gebetsteppiche. und es gab viele, die lachten.

es war ein echtes, ein gutes fest, nichts kommerzielles, nur pure freude und tiefe dankbarkeit.

für ein paar stunden haben wir alles leid vergessen können.

lotti

Von: Gabriella Baumann-von Arx 2002

Datum: **28. Dezember**

An: Lotti Latrous

Betreff: **Lachen.**

Liebe Lotti

Schön, dass du so viel Freude bereiten konntest, wunderschön, dass du dabei so viel Freude zurückbekommen und dein Lachen wieder gefunden hast.

In den Medien erfahre ich von weit greifender Verunsicherung und von grossen Zweifeln, ob sich der Riss durch Land und Bevölkerung wieder kitten lässt. Die Zeitungen berichten in zum Teil seitenlangen Artikeln über die Elfenbeinküste. Das Gebaren des Präsidenten wird als pures Machtmanöver beschrieben.

Gabriella

Von: Lotti Latrous

Datum: **29. Dezember 2002**

An: Gabriella Baumann-von Arx

Betreff: **verrückt.**

liebe gabriella

ja, es geht um macht.

die französische armee schützt die wirtschaftsmetropole abidjan und ihre landsleute, die franzosen. frankreich, die einstige kolonialmacht, ist daran interessiert, dass die wirtschaft hier weiter floriert, deshalb werden auch die kakaoplantagen im süden des landes gesichert.

bei mir im elendsviertel geht vorläufig alles irgendwie weiter. ich weiss zwar nicht recht wie, aber wir quälen uns durch. ich habe gehört, dass die amerikaner sich überlegen, bei uns auch noch ein bisschen mitzumischen. das erstaunt mich gar nicht, da die ja sowieso gott auf erden spielen. ich rechne aber nicht wirklich damit, schliesslich gibt der irak ihnen schon genug zu tun.

wir leiden unter dem druck, der hier herrscht, und das verrückte dabei ist, dass man offensichtlich beginnt, sich daran zu gewöhnen.

lotti

Von: Gabriella Baumann-von Arx

Datum: **30. Dezember 2002**

An: Lotti Latrous

Betreff: **Ver-rückt.**

Liebe Lotti

Ja, die Amerikaner! Ich habe heute in der Zeitung einen Bericht über ein Gerichtsverfahren gelesen, das entscheiden soll, ob «McDonald's» für die Fettsucht von Kindern zur Verantwortung gezogen werden kann. Eines der Opfer, ein vierzehnjähriges Mädchen, soll siebenundsiebzig Kilo wiegen. Wie schwer sind deine Hungernden?

Gabriella

Von. Lotti Latrous

Datum: **31. Dezember 2002**

An: Gabriella Baumann-von Arx

Betreff: **stolz.**

liebe gabriella

zu viel zu essen zu bekommen, ist ebenso tödlich wie zu wenig. bloss weniger schmerzhaft.

die französische armee stellt rund um unseren slum immer neue barrieren auf. sie wollen damit die ausländer in der stadt schützen. in den letzten tagen kam es erneut zu kämpfen zwischen den franzosen und den rebellen. aber das ist nichts gegen das, was im westen des landes, in der stadt man geschehen ist: sie wurde völlig zerstört, man spricht von massengräbern, von über tausend toten. viele unter ihnen sollen zivilisten gewesen sein.

ich weiss nicht, wie das alles noch enden wird, keiner weiss es. ich werde heute nacht im sterbespital mit meinen kranken silvester feiern. es geht allen gut, nur gerade zwei können nicht aufstehen, all die anderen werden das neue jahr beginnen, wie es sich gehört: mit (alkoholfreiem) champagner und mit viel afrikanischem rhythmus.

ich bin glücklich hier, es ist herrlich, dass wir die hoffnung, die freude und das vertrauen in die zukunft trotz allem nicht verloren haben. darauf bin ich stolz.

ich wünsche dir einen guten rutsch.

lotti

Von: Gabriella Baumann-von Arx

Datum: **1. Januar 2003**

An: Lotti Latrous

Betreff: **Wolkenlos.**

Liebe Lotti

Danke, ich bin gut gerutscht. Der erste Tag im 2003 zeigt sich hier - wettermässig zumindest - von seiner besten Seite. Blauer, klarer Himmel, keine einzige Wolke. Die Sonnenstrahlen verwandeln die weisse Schneedecke in ein Meer von funkelnden Kristallen.

Wie wärs, wenn ich im Januar käme?

Gabriella

Von: Lotti Latrous

Datum: **3. Januar 2003**

An: Gabriella Baumann-von Arx

Betreff: **re: wolkenlos.**

liebe gabriella

nur schon die aussicht, dass du bald kommst, macht mir mut. komm einfach, wann immer du willst, jetzt, wo du dich entschieden hast, musst du einfach kommen. denn diese blöde situation kann noch sehr lange dauern. du musst jedoch wissen, dass ich für nichts garantieren kann. nur das: sollte es brenzlig werden, flüchten wir nach ghana!

an silvester wurde die ausgangssperre bis mitternacht aufgehoben. das war vielleicht ein fest! endlich wieder einmal hinaus auf den nachtmarkt, ein bier trinken, lachen, feiern. ich ging dann aber doch bereits um zehn uhr wieder ins spital, um mit den patienten falschen champagner zu trinken und chips zu knabbern. viele haben vor lauter rührung geweint.

heute ist ein neuer tag, einer, der wolken trägt, auch wenn man sie am himmel nicht sieht. ich habe heute eine 25 jährige frau vom boden ihrer hütte aufgelesen. man hat mir gesagt, sie liege schon seit einem monat dort. ihre angehörigen hatten angst, sie ins spital zu bringen, weil sie eine behand lung nicht bezahlen können.

viele haben noch immer nicht begriffen, dass bei uns - im notfall und bei zahlungsunfähigkeit - alles gratis ist.

die frau ist, ich kann es nicht anders sagen, halb verfault und schreit vor schmerzen. ich bin sicher, sie wird heute noch sterben. jetzt wenigstens in einem sauberen bett.

ich freue mich auf dich!

lotti

Von: Gabriella Baumann-von Arx

Datum: **6. Januar 2003**

An: Lotti Latrous

Betreff: **Bammel.**

Liebe Lotti

Was du schreibst von all dem Elend, von der Frau, die am Boden verfault, macht mir - das gebe ich zu - Angst. Ja, ich habe den Bammel davor, das Unerträgliche ertragen zu müssen.

Gabriella

Von: Lotti Latrous

Datum: **10. Januar 2003**

An: Gabriella Baumann-von Arx

Betreff: **keine garantie.**

liebe gabriella

für den 15. januar sind verhandlungen in paris angekündigt. offenbar wollen sich die verschiedenen parteien an einen tisch setzen. falls diese verhandlungen platzen, kann ich hier für nichts mehr garantieren.

lotti

Von: Gabriella Baumann-von Arx

Datum: **14. Januar 2003**

An: Lotti Latrous

Betreff: **Warten - abermals.**

Liebe Lotti

Ich werde das Resultat der Verhandlungen abwarten. Sind sie erfolgreich, werde ich mich am darauf folgenden Tag in das Flugzeug setzen. Das Reisebüro hat mir versichert, dass die Flüge nach Abidjan nicht ausgebucht sind.

Gabriella

Von: Lotti Latrous

Datum: **23. Januar 2003**

An: Gabriella Baumann-von Arx

Betreff: **konsens.**

liebe gabriella

offenbar hat man einen konsens gefunden! präsident gbagbo, der in paris weilt, muss den vertrag nur noch unterzeichnen! lies die zeitung, melde dich!

lotti

Von: Gabriella Baumann-von Arx

Datum: **24. Januar 2003**

An: Lotti Latrous

Betreff: **Also dann.**

Liebe Lotti

Morgen Samstag, so heisst es in den Zeitungen hier, soll Gbagbo den aus dem Norden stammenden Seydou Diarra zum Premierminister ernennen. Bleibt die Frage, ob der Präsident tatsächlich gewillt ist, seine Macht künftig zu teilen, und ob er letztlich unterschreiben wird? Laut den Zeitungsberichten bleibt ihm keine andere Wahl, Frankreich scheint Druck zu machen. Ich habe den Flug gebucht und werde in drei Tagen, am Montag, den 27. Januar 2003, um 7.40 Uhr, landen. Der Flug - mit Air France - geht über Paris nach Abidjan. Retour gehts dann am 6. Februar, um 10.20 Uhr. Aber von der Rückreise wollen wir jetzt noch gar nicht reden.

Kannst du mich abholen? Was für eine Währung soll ich mitnehmen? Und - was kann ich als Geschenk mitbringen?

Gabriella

Von: Lotti Latrous

Datum: **25. Januar 2003**

An: Gabriella Baumann-von Arx

Betreff: **bis bald!**

liebe gabriella

gbagbo hat unterschrieben! wir feiern, geniessen den tag, alle sind erleichtert. frieden, endlich! ich hoffe, er hält.

natürlich hole ich dich ab! geh einfach durch die passkontrolle, ich werde dort sein.

euros sind hier leicht zu wechseln, aber bring nicht zu viel geld mit, du wirst hier praktisch keines ausgeben können, da du mit mir im slum leben wirst. das frühstück wird dich fünfzig rappen kosten und ein omelett mit brot einen franken. fünfzig rappen kosten auch die spaghetti mit nierchen. ob du die wohl runterkriegst?

ich habe mir deine frage nach geschenken wiederholt durch den kopf gehen lassen, mir kam nichts in den sinn. die einzig richtige antwort lautet denn auch: ich brauche nichts. ich bin restlos glücklich. also bring nichts ausser einem spray gegen die mücken und deine tabletten gegen die malaria mit.

dies wird die letzte mail sein, bevor ich dich sehe. ich werde auch keine mehr von dir lesen können, da ich vor deiner ankunft nicht mehr im cyber café vorbeikommen werde, von wo aus ich die ganze zeit mit dir in verbindung stand. so, ich muss jetzt gehen. es ist immer noch ausgangssperre!

ich werde dich also am montagmorgen in aller frühe am airport abholen und mich dann, mit dir zusammen, in die arbeit stürzen. du wirst bald erkennen, wie arbeitssüchtig ich bin. abgesehen davon ist der montag der intensivste tag für mich, da alle «sozialfälle» kommen. ausruhen kommt für dich also nicht in frage! ich hoffe, du bist eine von denen, die im flugzeug schlafen können.

lotti

Und erstens kommt es anders …

Sonntag, 26. Januar 2003

Meine Tasche ist schnell gepackt. Zwei Paar Jeans, zehn weisse T-Shirts, Turnschuhe, ein mit Insektizid vorbehandeltes Moskitonetz, Medikamente, Laptop, Tonband, Schreibunterlagen. Bevor mich mein Mann und unsere beiden Kinder an den Flughafen bringen, überprüfe ich nochmals die Handtasche: Pass mit Visum, vierhundert Euro, Ticket, Buch, alles dabei. Endlich – es kann losgehen. Dank eines Zeitungsberichts über den positiven Verlauf der Verhandlungen ist meine Familie nicht mehr ganz so vehement gegen mein Unterfangen. Alles ist gut.

Dann stehe ich vor dem Check-in-Schalter, zücke mein Ticket. Die Groundhostess macht grosse Augen, meint: «Nach Abidjan wollen Sie?», erwartet allerdings keine Antwort, sondern spricht gleich weiter: «Heute fliegen wir nicht! Wenden Sie sich bitte an den Informationsschalter der Air France.»

Dort sagt man mir, es habe in Abidjan schwerste Ausschreitungen gegeben. Air France fliege frühestens am Mittwoch wieder. Versprechen könne man mir dies allerdings nicht.

Wieder zu Hause und ziemlich enttäuscht, telefoniere ich mit Lotti. Ihre Stimme, die ich zum ersten Mal höre, ist klar, warm und fröhlich. Als sie meine vernimmt, meint sie: «Schön, dich zu hören, schön, dass du nicht Berndeutsch sprichst, das wäre mir zu langsam gewesen.»

Wir lachen, auch weil wir spüren, dass wir uns nicht nur schriftlich gut verstehen. Dann sage ich, ich käme morgen nicht. Lotti weiss es, weiss, dass der Flughafen in Abidjan geschlossen wurde, weil präsidententreue Demonstranten im Stadtzentrum gegen französische Einrichtungen randalieren. Sie werfen Frankreich vor, zu grossen Druck auf Gbagbo ausgeübt, ihn quasi zur Unterschrift gezwungen zu haben. «Die Hoffnung auf Ruhe und Frieden ist», erzählt Lotti, «geplatzt wie eine Seifenblase. Was bleibt, ist Angst. Aber mach dir keine Sorgen um mich. In den Slums ist es vorläufig noch ruhig.»

Auf meine Frage, ob ich am Mittwoch kommen solle, rät sie mir, weiterhin Zeitungen zu lesen und von Tag zu Tag zu entscheiden. Sie könne unmöglich sagen, was hier noch abgehen werde. «Was ich aber sicher weiss, ist, dass ich in den nächsten Tagen den Slum nicht verlasse und nicht am Cyber-Café vorbeikomme. Maile nicht, telefoniere.»

Montag, 27. Januar 2003

Ich lese Zeitungen und bin nicht mehr frustriert, dass ich nicht fliegen konnte, sondern unendlich froh, daheim zu sein. Der «Tages-Anzeiger» schreibt:

«Die von Frankreich vermittelte Einigung auf ein Friedensabkommen für die Elfenbeinküste hat schwere Unruhen in Abidjan ausgelöst. In der Wirtschaftsmetropole protestierten am Sonntag mehrere Tausend Menschen gegen die Übereinkunft, die nach ihrer Ansicht den Rebellen im Norden und Westen des Landes zu weit entgegenkommt. Die Anhänger von Präsident Laurent Gbagbo warfen der Regierung in Paris vor, mit dem Friedensplan ein Pulverfass aufgemacht zu haben. Zentrum der Ausschreitungen war die französische Botschaft. Dort kam es zu Explosionen. Französische Soldaten setzten Wasserwerfer und Tränengas gegen die aufgebrachte Menge ein. Französische Geschäfte wurden geplündert, französische Schulen gestürmt. Von Paris aus rief Gbagbo die Bevölkerung zur Ruhe auf.»

Donnerstag, 30. Januar 2003

Die Medien berichten von anhaltenden Unruhen in der Wirtschaftsmetropole Abidjan. Davon, dass die Armee der Elfenbeinküste den in Paris abgeschlossenen Friedensvertrag mit den Rebellen im Norden des Landes ablehnt und dass Augenzeugen von zahlreichen Leichen in den Strassen und von brennenden Moscheen und Kirchen sprechen. Die ehemalige Kolonialmacht Frankreich trifft Vorbereitungen zur Evakuierung ihrer Staatsbürger. Bereits sind fast zweihundertfünfzig Menschen, vor allem Frauen und Kinder, nach Frankreich oder ins Nachbarland Ghana gebracht worden.

Immer wieder versuche ich, mit Lotti telefonischen Kontakt aufzunehmen. Erfolglos.

Sonntag, 2. Februar 2003

Endlich! Ich erreiche sie. Lotti tönt gut, was sie erzählt, ist alles andere.

Die grossen Firmen, auch Nestlé, haben ihre Fabriken geschlossen, die Situation wird von Tag zu Tag prekärer. Die Slums seien, meint sie, für die Randalierenden aber nach wie vor von keinem Interesse. Und weiter: «Falls sich dies ändert und ich – als einzige Weisse im Quartier – um mein Leben fürchten muss, habe ich mit meinen Mitarbeitern im Spital ausgemacht, dass ich mich im Notfall in die Leichenhalle begebe und sie mich dort mit einem weissen Tuch zudecken.»

Die Gänsehaut, die meinen Rücken überzieht, beweist mir, wie nah mir Lotti in den letzten Monaten gekommen ist.

Die Situation wird für sie von Tag zu Tag bedrohlicher. Bald hat sie kein Benzin mehr im Auto und muss ihren «sicheren Hafen» wohl oder übel verlassen, um im Zentrum zu tanken. Vier junge Männer haben sich dazu anerboten, sie als Bodyguards zu begleiten. Ihr grösstes Problem ist das Auftreiben von Nahrung. Die Preise sind explodiert, inzwischen ist fast nichts mehr zu bekommen. Auch fehlen, nun wo die Fabriken ihre Türen geschlossen haben, die Gratislieferungen – der Lebensmittelvorrat für Ambulatorium und Sterbespital reicht nur noch für ein paar Tage. Zwar hat Lotti noch Geld, aber das schmilzt wie Schnee in der Sonne, nicht nur wegen der exorbitanten Preise, sondern auch weil die Spender, die bis anhin so grosszügig gewesen sind, nun damit rechnen, dass ihre Gelder gar nicht mehr an den richtigen Ort gelangen, und die Spenden einstellen, was Lotti versteht.

Als ob dies nicht genug wäre, fordert die Ausgangssperre nach wie vor ihren Tribut. Viele sterben, weil im Slum niemand ein Telefon hat, um im Notfall die Polizei kommen zu lassen, die die Patienten ins Spital bringt. Komplizierte Geburten während der Nacht enden oft tödlich. «Haben wir einen Notfall, kann ich zwar telefonieren, bekomme dann aber oft zu hören, man hole niemanden ab, das Benzin sei ausgegangen. Das ändert sich allerdings schnell, wenn ich Schmiergeld in Aussicht stelle. Trotzdem ist letzte Nacht ein Asthmatiker gestorben.»

Wenn ich mir schon solche Sorgen um Lotti mache, wie gross müssen dann erst die ihrer Familie sein? Ich muss die Frage nicht aussprechen, Lotti hat sie gespürt: «Mein Mann hat mich gestern dazu aufgefordert, Abidjan zu verlassen. Ich habe ihn beruhigen können, habe ihm versprochen, nichts zu riskieren. Gestern hat mir eine Freundin, eine Weisse, gesagt, sie habe vier Ausreisetickets für Mittwoch organisieren können und würde mir eines schenken, falls ich mitkommen wolle.»

Trotz allem lacht Lotti am Telefon immer wieder, ist kommunikativ, herzlich und widerspricht aufs Vehementeste, als ich philosophiere, dass, wenn sie das Land verlässt, auch das Glück die Armen verlasse. Sie erzählt dann aber doch, dass die Menschen ihr sagen, sie müsse sich keine Sorgen machen, sie sei von Gott geschickt und er würde sie beschützen.

Als ich endlich aufhänge, habe ich zwar die Gewissheit, dass es Lotti den Umständen entsprechend gut geht, nicht aber die Gewissheit, dass es dort unten bald Frieden geben wird. Im Gegenteil. Wir verbleiben so, dass wir unser Vorhaben verschieben, wenn es sein muss um Monate. Die Hoffnung, dass ich den Ort, wo sie lebt und arbeitet, irgendwann mit all meinen Sinnen erleben werde, hat sie – trotz allem – nicht aufgegeben. Mir bleibt die Hoffnung, dass dies tatsächlich so ist.

Donnerstag, 27. März 2003

Ich telefoniere abermals, will einfach wissen, wie es ihr geht. Sie erzählt, sie habe ein neues Projekt. Ein Mütter- und Kinderheim, denn: «Es geht nicht mehr an, dass Kinder von schwer aidskranken Müttern ganze Wochen in einem Sterbespital verbringen müssen.»

Nach wie vor ist alles chaotisch, die Ausgangssperre gilt immer noch. Die Lage, meint Lotti, habe sich aber beruhigt: «Nimm jetzt einfach all deinen Mut zusammen und komme! Komme einfach.»

Ich antworte ihr, dass ich momentan noch an einem anderen Buchprojekt arbeite und eine Reise vor Juni nicht möglich sei. «Juni ist gut! Aber komm erst nach dem vierten. Vom 25. Mai bis zum 4. Juni bin ich bei meiner Familie in Kairo, um den vierzehnten Geburtstag von Sarah, unserer Jüngsten, zu feiern.»

Donnerstag, 5. Juni 2003

Ich unterbreche die zweimonatige Funkstille, telefoniere, frage, wie es in Kairo war, und bekomme die Antwort: «Wundervoll.» Ein zweites «Wundervoll» erhalte ich auf meine Ankündigung, ich würde in acht Tagen reisen. «Das ist gut, sehr gut. Du kommst im richtigen Moment, die Ausgangssperre ist seit dem 10. Mai aufgehoben. Wir können sogar zusammen auf den Nachtmarkt gehen und ein afrikanisches Bier geniessen!» Lotti tönt gut. Ihre Stimme verblüfft mich in ihrer klaren, hellen, sprudelnden Art immer wieder. Sie rät mir noch, Gummistiefel mitzubringen, es sei Regenzeit.

Ich buche den Flug, beantrage zum zweiten Mal ein Visum und öffne im Internet die Seite des Eidgenössischen Amtes für auswärtige Angelegenheiten (EDA), auf welcher ich unter Reisehinweise Folgendes lese:

«Am 19.09.2002 versuchten abtrünnige Militäreinheiten die Regierung zu stürzen. Der Aufstand ist in einen Bürgerkrieg ausgeartet, der das Land grundlegend destabilisiert hat. Die nördlichen und östlichen Landesteile werden von Rebellengruppen, der Süden von Regierungstruppen kontrolliert. Trotz der Unterzeichnung eines Friedensabkommens im Januar 2003 bleibt die Lage unübersichtlich. Die Sicherheit ist nicht gewährleistet.

Aus diesen Gründen wird weiterhin von Reisen an die Elfenbeinküste abgeraten.

Dringend notwendige Reisen nach Abidjan können, unter Beachtung der folgenden Vorsichtsmassnahmen, unternommen werden:

- *Klären Sie vorgängig die Sicherheitslage mit Ihren lokalen, vertrauenswürdigen Kontaktpersonen ab und befolgen Sie unbedingt deren Empfehlungen.*
- *Beschränken Sie Ihren Aufenthalt auf Abidjan und auf das absolute Minimum.*
- *Befolgen Sie die Anweisungen der Sicherheitskräfte (Personenkontrollen, allfällige Ausgangssperren etc.)*
- *Meiden Sie grössere Menschenansammlungen und Kundgebungen jeder Art.*

– *Informieren Sie die Schweizerische Botschaft in Abidjan über Ihren Aufenthalt (Personalien, Kontaktadressen, Aufenthaltsdauer).*

Die medizinische Versorgung ist nicht in jedem Fall gewährleistet. Für die Behandlung von ernsthaften Erkrankungen und Verletzungen empfiehlt sich die Rückkehr in die Schweiz. Eigenes Verbandsmaterial und Wegwerfspritzen können sich als nützlich erweisen. Wenn Sie auf bestimmte Medikamente angewiesen sind, sollte Ihre Reiseapotheke einen ausreichenden Vorrat enthalten. Bedenken Sie jedoch, dass in vielen Ländern für die Mitnahme von betäubungsmittelhaltigen Medikamenten und psychotropen Substanzen besondere Vorschriften zu beachten sind. Erkundigen Sie sich gegebenenfalls vor der Abreise direkt bei der Botschaft von Côte d'Ivoire in Bern und konsulticren Sie die Rubrik nützliche Links, wo Sie unter anderem weitere Informationen zu diesem Thema sowie generell zur Reisemedizin finden.

Neben verschiedenen (Tropen-)Krankheiten kommen auch Cholera und Tuberkulose vor.»

Tagebuch einer Begegnung

Freitag, 13. Juni 2003

Ein Freitag, der dreizehnte, ausgerechnet! Trotzdem ist das Flugzeug voll. Ich muss sogar froh sein, einen freien Platz bekommen zu haben. An allen andern Tagen waren die Flüge ausgebucht. Anscheinend fliegt man wieder nach Abidjan. Und zwar – seit die Ausgangssperre aufgehoben wurde – nicht mehr nachts, sondern so wie vor dem Putsch im letzten Jahr, am Tag. Deshalb checke ich diesmal nicht am Abend ein, sondern am Morgen. Das Check-in verläuft ohne Probleme, der Flug nach Paris, wo ich umsteige, auch. Im Transit noch einmal das Handy gezückt und nach Hause telefoniert – denkste! Mein Handy meldet: «Servicestelle kontaktieren». Trotz mehrmaligem An- und Abschalten und Nummer-um-Nummer-Eingeben gelingt es mir nicht, diesem unmöglichen Ding auch nur einen einzigen Telefonanruf abzuringen.

Als ich mich endlich dazu entschliesse, von einem öffentlichen Telefon aus zu Hause anzurufen, um zu melden, man könne mich die nächsten Tage nun doch nicht erreichen, wird der Flug Air France 702 von Paris nach Abidjan auch schon geboardet. Also lasse ich das Telefonieren bleiben und stelle mich in die Schlange.

Das Reisebüro hat mir einen Fensterplatz reserviert – der Sitz gleich daneben ist bereits besetzt. Von einem sympathischen Herrn um die fünfzig. Er steht auf und hilft mir, den Laptop zu verstauen. Nachdem er sich wieder gesetzt hat, meint er: «Falls der Flieger nicht ganz voll wird, werde ich mich verziehen, damit Sie mehr Platz und Ihre Ruhe haben.» Ich sage, ich hätte die Ruhe im Moment sowieso nicht, da mein Handy den Geist aufgegeben und ich meine Familie nicht mehr erreicht habe. Daraufhin zückt er seines. Ich teile zu Hause mit, man müsse die nächsten zehn Tage ohne telefonische Verbindung auskommen, was Kinder und Mann alles andere als toll finden. Ich, ehrlich gesagt, auch nicht. Mit einer gekappten Nabelschnur zur «Homebase» in ein Krisengebiet fliegen zu müssen, ist nicht das, was ich mir vorgestellt habe.

Mein Sitznachbar, das stellt sich im Verlauf des Flugs heraus, hat vier Töchter und wohnt im Libanon. Rund alle vier Wochen fliegt er für drei Tage nach Abidjan, um in seiner Importfirma, er handelt vor allem mit Reis, nach dem Rechten zu sehen. Er bestätigt, was das EDA geschrieben hat, nämlich, dass die nördlichen und östlichen Landesteile von Rebellengruppen, der Süden von Regierungstruppen kontrolliert werden. In Abidjan selbst, meint er, herrsche Ruhe, es sei allerdings eine, die gefährlich an die sprichwörtliche vor dem Sturm erinnere. Er rät mir, mich so schnell wie möglich mit einem neuen Handy auszustatten, und gibt mir, kurz bevor wir landen, seine Nummer, für alle Fälle. Lotti kennt er nicht.

Nach der Landung begleitet er mich durch die Passkontrolle, erklärt, was ich wo zeigen muss (Pass, Gelbfieberimpfausweis, Einreisepapiere). Er scheint die Offiziellen der Flughafenpolizei alle persönlich zu kennen. Am Gepäckförderband verabschiedet er sich mit den Worten: «Ich habe kein Gepäck, wenn Sie aber wünschen, warte ich mit Ihnen auf das Ihre und begleite Sie dann hinaus, um ganz sicher zu sein, dass diese Frau Latrous Sie auch wirklich abholt.» Ich winke ab, sage, ich sei sicher, dass ich abgeholt würde, bedanke mich herzlich für die Hilfe und sage Adieu. Dann warte ich zwanzig Minuten auf meine Tasche, sichte sie, hieve sie vom Förderband, gehe durch den Zoll, muss sie öffnen. Zwei, drei prüfende Griffe des Zollbeamten in ihr Innenleben, schon kann ich den Reissverschluss wieder zuziehen. Ich packe die Tasche auf einen Gepäckwagen, hole tief Luft und gehe durch die Tür in die Ankunftshalle. Endlich! Abidjan! Und – weit und breit keine Lotti.

Sie hat mir noch gemailt, ich würde sie vom Fernsehen her ja sofort erkennen. Sollte dies nicht der Fall sein, dann müsse ich nach einer weissen Frau suchen, die unter ihrem Bastrock Wollstrümpfe trage, da es wegen der Regenzeit kalt sei. «Nur rund dreissig Grad!» Im Übrigen trage sie einen Knochen in der Nase und werde auf einer afrikanischen Trommel nicht nur einen Wirbel schlagen, sondern gleich noch einen Freudentanz aufführen und dazu «Tam tam hou hou ha ha. Bal bal do do hou hou ha ha» singen. Laut.

Ohne Zweifel, die Frau hat Humor, und ich hätte gerne über ihren Freudentanz gelacht, aber – sie ist nicht da! Ich suche jedes weisse Gesicht ab, es gibt nicht viele davon, lese die paar Schilder mit Namen, die hochgehalten werden. Vielleicht hat sie ja nicht kommen können und jemand anderen geschickt. Aber ich sehe nichts, was mich betreffen könnte. Ich tigere hin und her und werde schon nach dreissig Sekunden von einem jungen Mann angesprochen, der sich anerbietet, meinen Gepäckwagen zu stossen. Es vergeht sicher eine volle Minute, bis er mir glaubt, dass ich keine Hilfe brauche. Keine Hilfe? Kein Handy! Wo ist Lotti? Da!

Dort kommt sie durch die Haupttür gestürmt. Übers ganze Gesicht strahlend. In Jeans, weissem Kittel und Turnschuhen. Mit blondem Haar und grossen blauen Augen. Erleichtert gehe ich auf sie zu, sie lacht, fragt: «Bist du es wirklich?», umarmt mich. Nach einer kurzen Unsicherheit, ob das jetzt schon angebracht ist oder nicht, küssen wir uns links und rechts und nochmals links.

War es im Flughafen noch klimatisiert kühl, empfängt mich jetzt eine feuchte, schwüle Hitze. Lotti führt mich zu ihrem Geländewagen, schliesst die Türen auf, lässt mich einsteigen, fragt, ob ich müde sei.

Nein, ich bin nicht müde, im Gegenteil, ich verspüre Unternehmungslust. Ich möchte sehen, wo sie lebt, und ein Bier mit ihr trinken. Lotti fährt los. Als wir auf der Hauptstrasse sind, staune ich über ihren Fahrstil, «real african», fährt sie mehr mit der Hupe als mit der Bremse. Aber – und das wird schnell klar – sie hat die Sache im Griff.

Wir passieren die ersten Slums. Holzhütte an Holzhütte, dazwischen mal eine aus Beton, und am Strassenrand kleine Imbissbuden, die Reis und Fisch anbieten. Ab und an wird die hereinbrechende Dämmerung durch ein loderndes Feuer aufgehellt, auf welchem Hühnchen gegrillt werden. Überall Rhythmus, laute Musik und unzählige Menschen. Trotz der offensichtlich herrschenden Armut ist die Stimmung gut. Lotti sagt: «Der Reichtum der Armen ist das Lachen und die Liebe.»

Nach gut zehn Minuten biegt Lotti nach links ab, sagt: «Adjouffou, mein Zuhause.» Mit dem, was jetzt kommt, habe ich nicht gerechnet. Eine zirka drei Meter breite Sandstrasse, die zwischen armseligen Marktständen geradeaus führt. Die Schlaglöcher sind immens, es schüttelt mich ordentlich durch, hebt mich aus dem Sitz, staucht mich wieder zusammen. Paris – Dakar muss gegen das hier ein Kinderspiel sein. Dass ich nicht seekrank werde, ist einzig dem Umstand zu verdanken, dass ich aus dem Staunen nicht herauskomme.

Menschen, überall Menschen. In Autowracks sitzende Jugendliche, Mütter mit auf den Rücken gebundenen Babys an ihren Marktständen, Männer in behelfsmässig eingerichteten Restaurants. Und Kinder, überall Kinder. In kurzen Hosen, durchlöcherten T-Shirts und ohne Schuhe bewegen sie sich zur aus schlechten Lautsprechern plärrenden Musik, so weich und geschmeidig, anmutig und rhythmisch, wie dies nur afrikanische Kinder können. Als sie den Geländewagen von Lotti sehen, brechen sie ihren Tanz ab, laufen neben dem langsam fahrenden Auto her und rufen laut und froh: «Lotti! Lotti! Lotti!»

Nach etwa hundert Metern meint Lotti: «Da rechts, bei dem orangen Eisentor, ist das Ambulatorium, dort wirst du wohnen. Willst du es dir kurz ansehen, oder sollen wir zuerst ins Sterbespital, um Hallo zu sagen?» Ich entscheide mich fürs Hallosagen, und so geht es fünfzig Meter geradeaus. Dann biegen wir nach rechts ab, und Lotti überfährt um ein Haar drei sehr empört gackernde Hühner. Kurz darauf meint sie: «So, angekommen!»

Wir steigen aus, ich greife nach meiner Handtasche, aber Lotti meint: «Lass nur alles drinnen, ich schliesse ab.» Und so lasse ich alles im Auto: Geld, Pass, Rückflugticket, meine Tabletten für die Malariaprophylaxe, alles!

Einen kurzen Moment noch überlege ich, ob ich die Handtasche nicht doch mitnehmen soll, erinnere mich dann aber an den wunderbaren Satz aus dem Reisehinweis des EDA, den ich vor dem Abflug im Internet las: «Klären Sie vorgängig die Sicherheitslage mit Ihren lokalen, vertrauenswürdigen Kontaktpersonen ab und befolgen Sie unbedingt deren Empfehlungen.» Also lasse ich, wie von meiner sehr vertrauenswürdigen Kontaktperson empfohlen, alles drin.

Wir gehen durch ein grosses, braunes Tor. Ich betrete einen offenen Raum, von dem u-förmig Zimmer weggehen. Die Atmosphäre ist so friedvoll, dass ich unwillkürlich ganz leise «bonsoir» sage, als mich Lotti den ersten Patienten vorstellt. Es sind Arlette, deren dreijährige Tochter Osé und ihr acht Monate alter Sohn Hermas, den Lotti «ma petite crevette», meine kleine Crevette, nennt, da Hermas so abgemagert ist, dass die Haut über den Gelenken zarte Falten wirft, was bei einem acht Monate alten Kind unendlich traurig aussieht.

Arlette und ihre beiden Kinder sind nicht krank, sondern auf der Flucht. Sie haben durch den Krieg alles verloren. Arlettes Mann ist verschwunden, und als sie mit den Kindern in Abidjan ankam, hatte sie nichts mehr, ausser dem guten Tipp, sie solle sich doch bei Lotti melden. Lotti, so sagte man ihr, habe ein grosses Herz. Und Lotti mit ihrem grossen Herzen nahm Arlette und die beiden Kinder auf, legte ihnen neben der Küche eine Matratze auf den Boden und meinte: «In gut sechs Monaten werde ich ein Heim für Mütter und ihre Kinder gebaut haben, bis dahin könnt ihr hier bleiben.» Und so blieben sie. Kamen von einer Minute zur anderen von der Strasse in ein Königreich, wo es umsonst zu essen gibt und sie sich waschen konnten. Ein Königreich, wo Arlette Freundinnen fand und Osé und Hermas Spielkameraden und wo sie endlich ruhig schlafen und abends gar fernsehen können. Arlette strahlt eine tiefe Dankbarkeit und Zufriedenheit aus.

Ich lerne Alphons kennen. Alphons, der, wie mir Lotti sagt, seit mehr als sechs Monaten auf einem der drei Sofas liegt, vor die abends der Fernseher gestellt wird. Als ich frage: «Wieso auf dem Sofa?», meint Lotti lachend: «Ich kann dir jetzt nicht jede einzelne Lebensgeschichte erzählen, gedulde dich, wir haben ein paar Tage Zeit!» Sie erzählt dann aber doch, dass Alphons wegen einer Tuberkulose bei ihr hospitalisiert wurde und an einem nicht behandelbaren Kaposi-Sarkom leide. «Eine bösartige Form von Hautkrebs, der von den Blutgefässen ausgeht und rötlichblaue Tumore macht. Eine häufige Begleiterscheinung von Aids.» Bei Alphons seien vor allem die Füsse befallen, weshalb er kaum mehr gehen könne.

Alphons wurde, nachdem die Tuberkulose geheilt war, nach Hause entlassen, stand dann aber bald schon wieder vor Lottis Tür. Er meinte, es gefalle ihm so gut, er möchte bleiben. Da Lotti kein freies Bett, noch nicht mal eine freie Matratze für ihn hatte, die sie auf den Boden hätte legen können, musste sie abwinken. Alphons machte den Vorschlag, auf einem der Sofas zu schlafen, Lotti war damit einverstanden. Und als ein paar Tage später ein Bett frei geworden war und er hätte umziehen können, meinte er, er wolle gar kein Bett, es gefalle ihm bestens da, wo er sei. Und seither ist er dort. Hat seine eigene kleine, heile Welt geschaffen und wirkt so glücklich, als wäre das Sofa, auf dem er nicht einmal die Beine ausstrecken kann, sein Thron. Und weil er so glücklich und bescheiden ist, lässt Lotti ihn bleiben.

Lotti führt mich nun in die vier Spitalzimmer. Es gibt zwei Achter- und zwei Viererzimmer, wobei in Letzteren jeweils noch eine Matratze auf dem Boden liegt, um für die vielen Kranken Platz zu haben. Drei der insgesamt vier Zimmer sind mit Frauen belegt, das eine Achterzimmer mit Männern. «Die Frauen», sagt Lotti, «werden, wenn sie das Aidsvirus in sich tragen, oft schneller krank als die Männer, da sie durch Schwangerschaften und Stillen geschwächt und von all der Arbeit, die sie beim täglichen Kampf ums Überleben für sich und ihre Kinder leisten müssen, erschöpfter sind.»

Sie geht von Bett zu Bett, streichelt jedem Patienten, jeder Patientin über den Kopf und stellt sie mir vor. Mit Namen, von denen ich mir keinen einzigen merken kann, zu sehr bin ich abgelenkt von dem erschütterndon Krankheitsbild der Aidspatienten. Zum ersten Mal begreife ich die Bedeutung des Satzes: Der Tod steht ihr ins Gesicht geschrieben, und bin entsetzt, dass ich ihn, wenn ich meine Hand zur Begrüssung auf Hände und Unterarme lege, auch fühlen kann. Alle diese – noch sehr jungen – Menschen sind Haut und Knochen. Knochen, die fast viereckig, kalt und dünn anzufassen sind.

Die Patienten freuen sich über das neue Gesicht. Und auch wenn einzelne von ihnen so schwach sind, dass sie kaum die Hand heben können, schauen sie mir direkt in die Augen und heissen mich mit den Worten «bonne arrivée» willkommen.

Eine der Frauen, Jeannette, blickt mich aus ihren tief in den Höhlen liegenden Augen nicht sehr freundlich, sondern eher kritisch an. Lotti fragt: «Jeannette, was denkst du?» Jeannette löst ihre Augen von meinem Gesicht, sieht Lotti an und flüstert: «Ich frage mich, wozu der Tod gut ist.» Lotti streichelt ihr über die Wangen, sagt: «Wenn wir das wüssten, wäre vielleicht vieles einfacher. Was ich weiss, ist, dass nicht nur du eines Tages sterben wirst, Jeannette, sondern auch ich und Gabriella: wir alle.

Keiner kann sich drücken, keiner. Ich bin überzeugt davon, dass die Entscheidung darüber, wann wir gehen, im Himmel gefällt wird, und zwar schon in unserer Geburtsstunde.»

Dann lenkt sie ab, fragt Jeannette, ob sie heute besser gegessen habe als gestern. «Nein, aber jetzt habe ich Lust auf ein Jogurt!» Lotti holt in der Küche eines und löffelt es der jungen Frau behutsam ein. Kaum hat Jeannette gegessen, erbricht sie. «Macht nichts», Lotti schaut mich an, «wenigstens hatte sie das Vergnügen, ein Jogurt essen zu können.» Mir fällt auf, dass Jeannettes Mund von einem dicken, weissen Belag befallen ist. Lotti erklärt, das sei ein äusserst schmerzhafter Pilz, den fast alle an Aids Erkrankten hätten und der sich vom Mund über die Speiseröhre, den Magen-, Darmtrakt bis hin zum Anus ausbreite. Lotti verabschiedet sich von Jeannette, geht weiter ins Männerzimmer.

Ganz hinten sitzt Felix, ein Nigerianer. Felix hat graue Haare und spricht nicht wie alle anderen Französisch, sondern Englisch. Als Lotti ihn fragt, wie er sich heute Abend fühle, geht ein Leuchten über sein Gesicht. Ein Leuchten, das nicht von den Augen, sondern von ganz innen kommt. Felix ist blind. «Ah, my daughter», strahlt er, blickt in Lottis Richtung geradewegs durch sie hindurch ins Leere und meint, es gehe ihm ganz gut, er könne einfach nur nicht schlafen, und deshalb seien die Nächte grässlich lang. Lotti verspricht, dafür zu sorgen, dass er heute eine Schlaftablette bekommt, und verabschiedet sich mit den Worten: «Dann wirst du nicht nur gut schlafen, sondern auch noch schön träumen.»

Nachdem sie mich allen vorgestellt und ihren Patienten eine gute Nacht gewünscht hat, gehen wir zum Auto zurück, das nicht aufgebrochen worden ist. Ich frage Lotti, ob sie sich sicher gewesen sei, dass weder meine Hand- noch meine Reisetasche wegkämen. Sie lacht mich an: «Nein, sicher war ich mir nicht, aber es wäre das erste Mal gewesen. Komm, ich zeige dir jetzt dein Zimmer.» Inzwischen ist es stockdunkel geworden.

Wir steigen ein und fahren holterdiepolter, Schlagloch um Schlagloch, ins Ambulatorium, wo Ouattara, der Nachtwächter, auf Lottis Hupen hin das orange angemalte Eisentor öffnet und uns hereinfahren lässt.

Wieder ein grosser, friedlicher Raum. Viel mehr kann ich nicht erkennen. Erstens bin ich nachtblind, und zweitens kennt man im Slum von

Seifenblasen verzaubern die Welt. Lotti und Emanuel im Bann der durchsichtigen Kugeln.

Das Kindermädchen Solange mit den drei Buben: Emanuel (auf ihrem Schoss), Christ (links) und der kleine Mohamed.

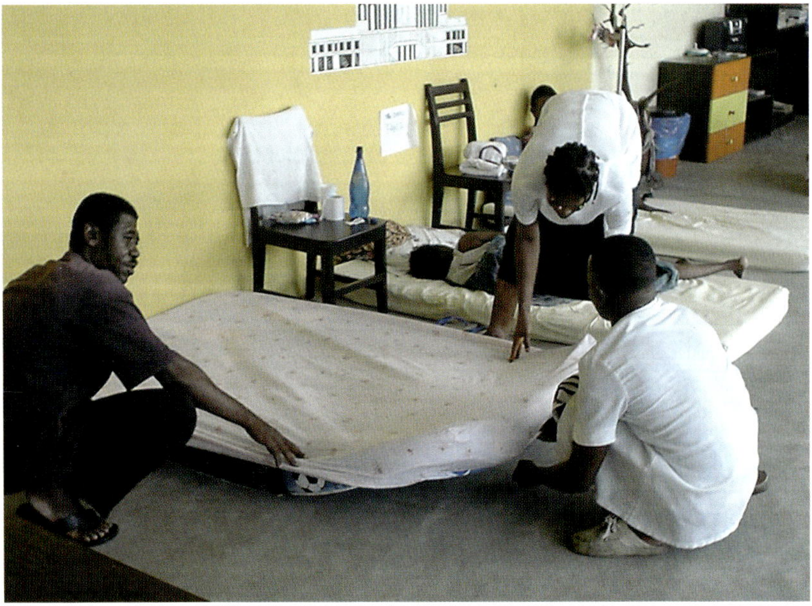

Das Sterbespital platzt aus allen Nähten: Drei Kindermatratzen werden zu einer grossen zusammengefügt.

Der Blick aus Lottis «Adlerhorst» auf den Slum von Adjouffou.

Bei sintflutartigen Regenfällen bleiben die Patienten zu Hause.

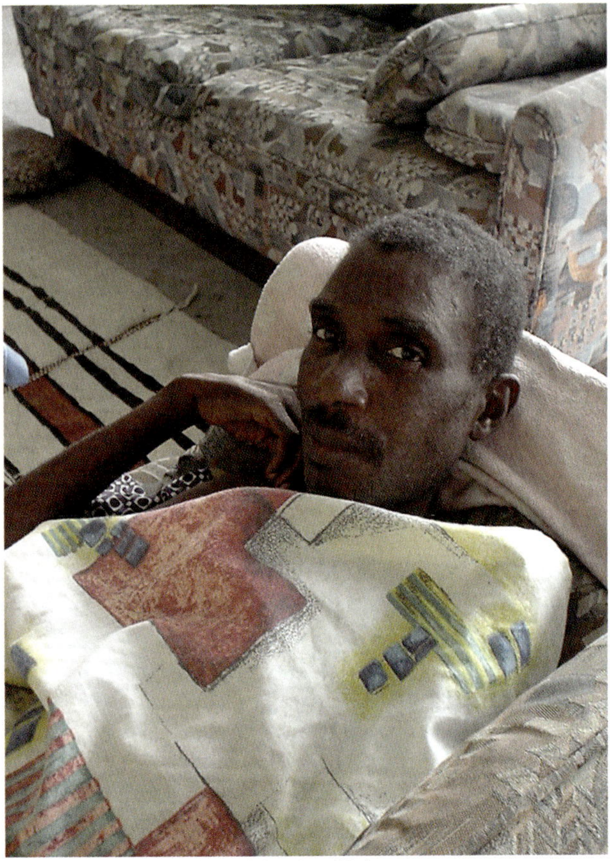

Alphons ist mit seinem Stammplatz sehr zufrieden.

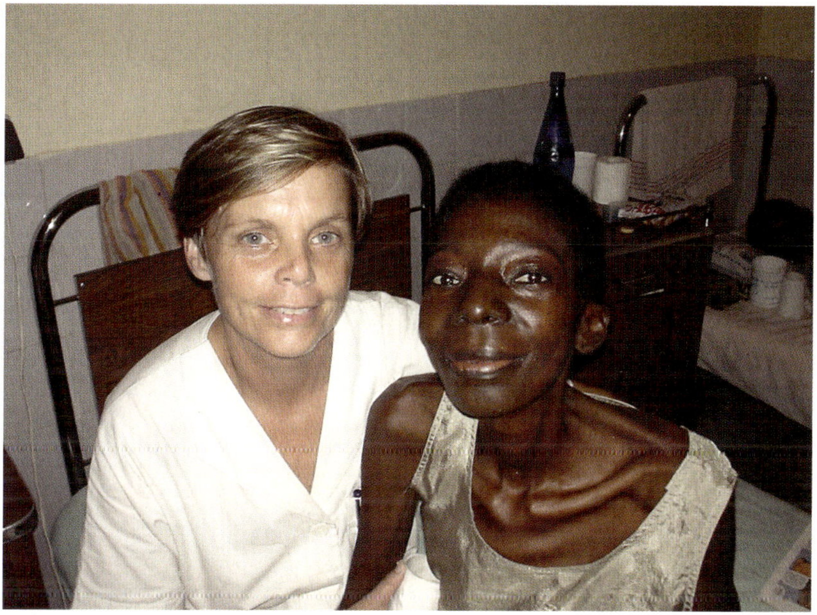

Lotti mit Therese, die stolz darauf ist, «in einem so schönen Haus» wohnen zu dürfen.

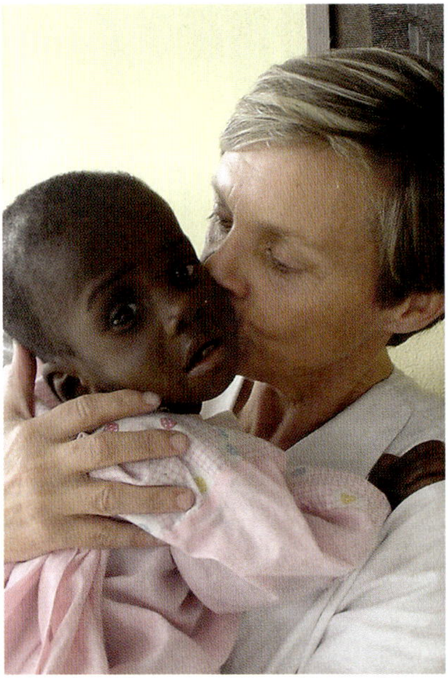

Hermas in Lottis Armen. Lotti nennt ihn – weil er so dünn ist – gerne «meine kleine Crevette».

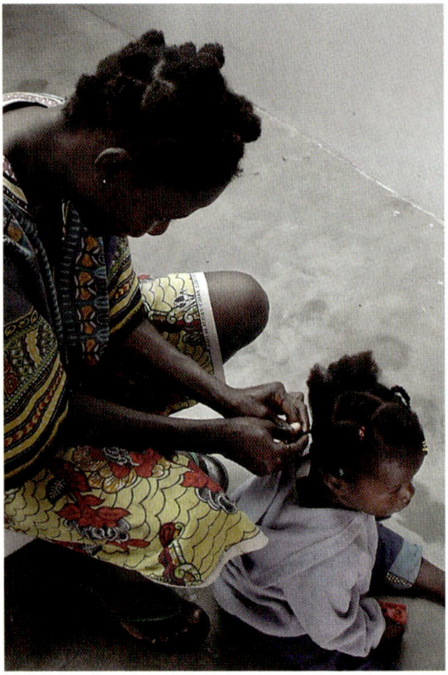

Die Flüchtlingsfrau Arlette frisiert ihre Tochter Osé.

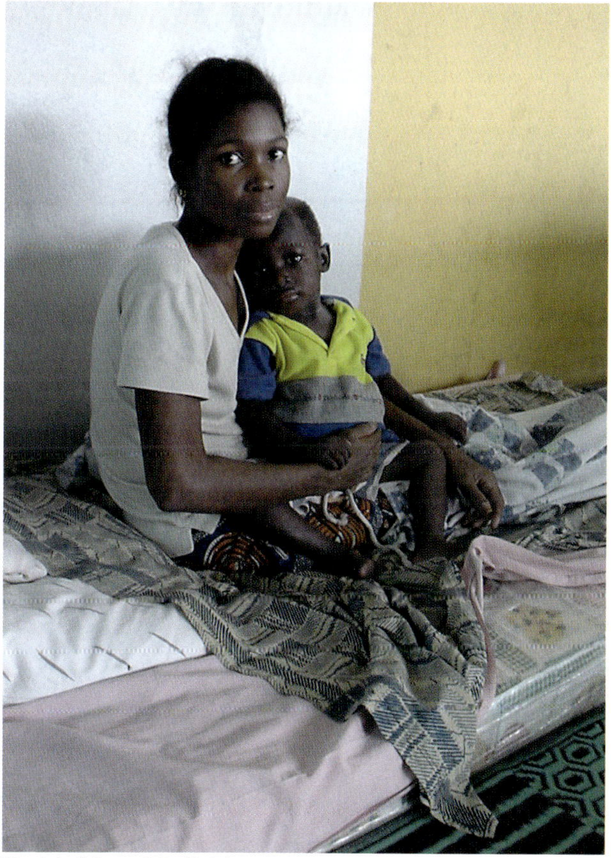

Chantal mit ihrem Sohn Christ.

In der ambulatoriumseigenen Apotheke ist das Nötigste vorhanden.

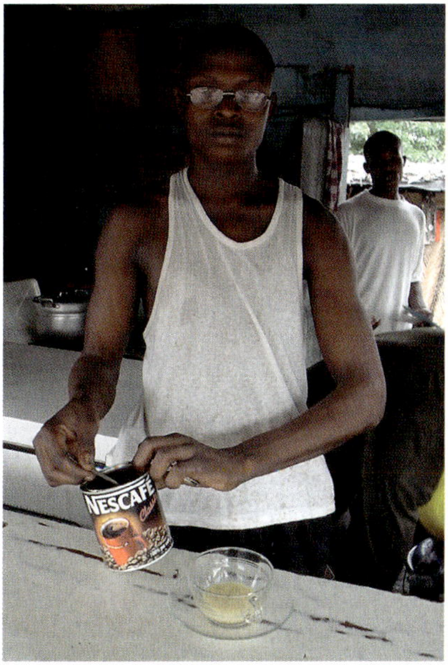

Der Kioskbesitzer bereitet den kondensmilch-gesüssten Fertigkaffee zu.

Hortense, die Köchin, kocht im Sterbespital tagtäglich bis zu 150 Mahlzeiten.

Monique, die Krankenschwester.

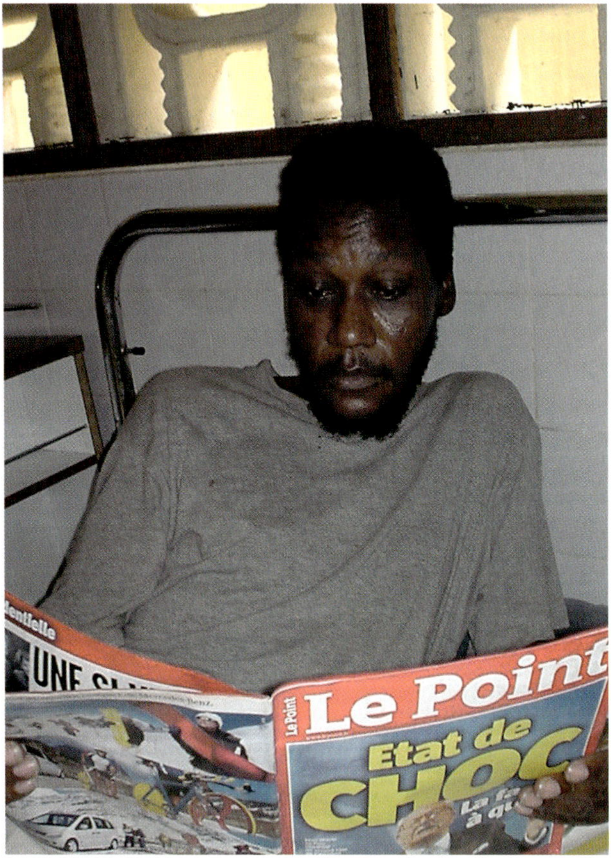

Monsieur Jean liest nicht nur gerne, sondern drückt sich auch sehr gewählt aus.

Ouattara mit seinem Sohn Aziz, der denselben Namen trägt wie Lottis Ehemann.

Josiane arbeitet als Pflegerin im Sterbespital und wird, wenn das neue Mütter- und Kinderheim gebaut ist, dort wirken.

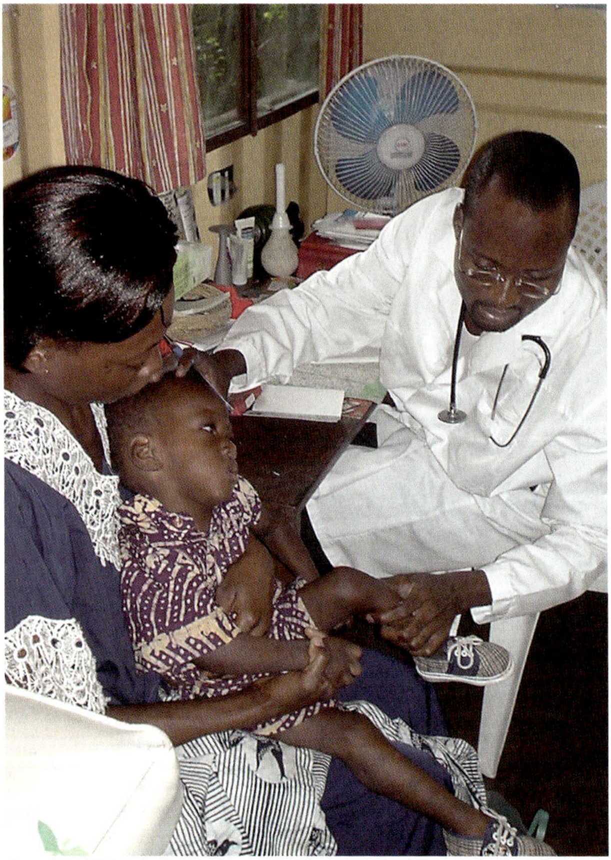

Um mit Lotti das Ambulatorium zu eröffnen, hat Dr. Germain Gnode auf seine Karriere verzichtet.

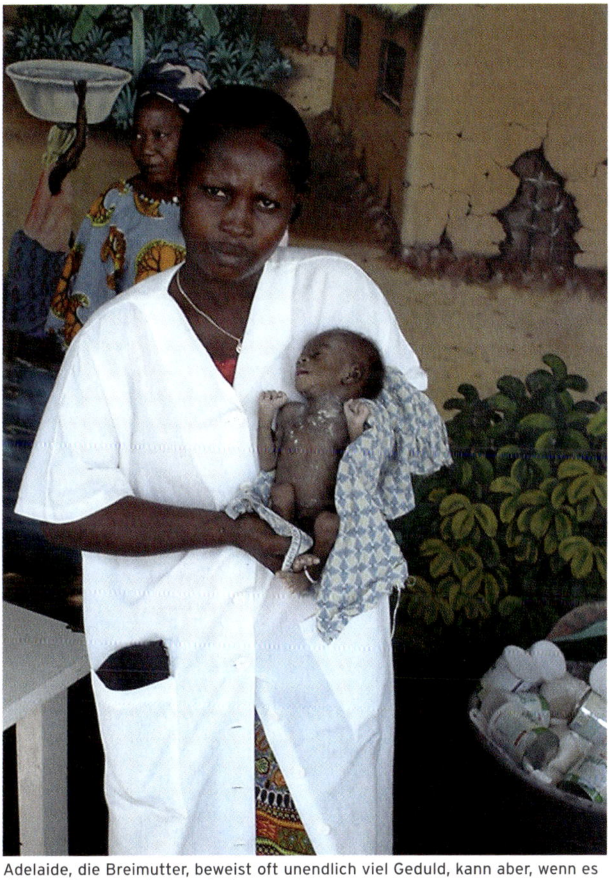

Adelaide, die Breimutter, beweist oft unendlich viel Geduld, kann aber, wenn es die Situation erfordert, auch streng sein.

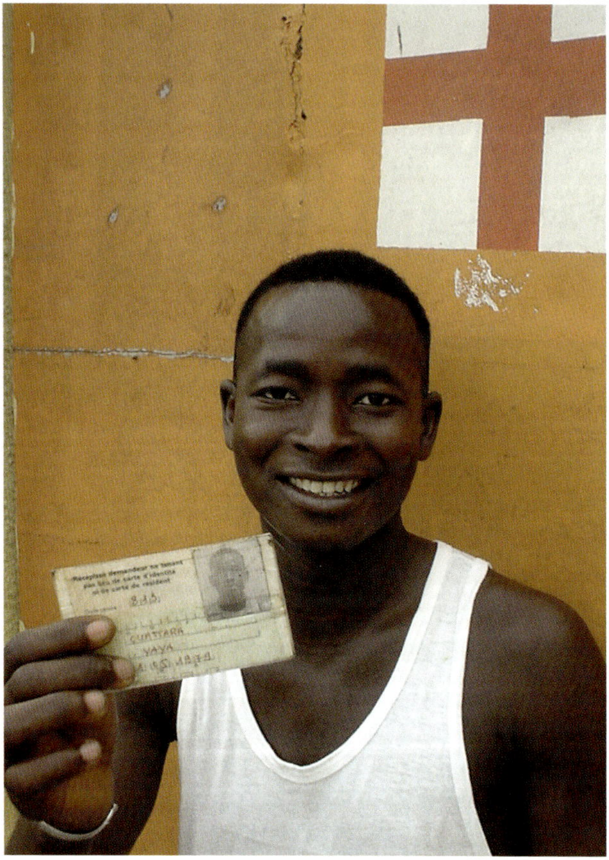

YaYa, der Pfleger, ist Bürger der Elfenbeinküste.

Gleich gegenüber dem Ambulatorium befindet sich ein kleines Lebensmittelgeschäft.

Die Wäsche des Sterbespitals wird in einer Handwäscherei im Slum gewaschen.

Nach dem grossen Regen schützen ausgediente Autobatterien vor nassen Füssen.

Adjouffou am Port Bouet weder Strassenlaternen noch andere Lichtanlagen. Lotti führt mich zu einer Treppe, die fast so steil wie eine Leiter ist, und sagt: «Dort oben ist mein Adlerhorst.» Wir stehen in einem Gang, der links zwei Zimmer hat und rechts zwei grosse fliegenvergitterte Fenster, durch die ich in den Hof des Ambulatoriums sehen kann. Am Ende des kleinen Ganges befinden sich ein kleiner Kühlschrank und eine Kochgelegenheit sowie ein Badezimmer mit Toilette, Dusche und einem kleinen Waschbecken. «Warmes Wasser gibt es hier übrigens keines», meint Lotti und führt mich zur ersten Zimmertür schliesst auf, sagt: «Dein Zimmer.» Ich sehe sofort, dass es ihr Zimmer ist. «Aber da wohnst doch du», protestiere ich, doch sie erklärt, dass das Gästezimmer nebenan einen Wasserschaden habe, weswegen sie mich unmöglich dort nächtigen lassen könne. «Das ist aber kein Problem, weil ich mir im Sterbespital ein Zimmer mit einem kleinen Badezimmer eingerichtet habe und die nächsten Tage dort wohnen werde.» Fertig, Ende der Diskussion. Ich deponiere meine Tasche, dann machen wir einen Spaziergang in Richtung Hauptstrasse zum Nachtmarkt, wo mich Lotti zu einem Bier und gebratenem Huhn einlädt.

Die Stimmung auf dem Nachtmarkt ist einmalig. Menschen, überall Menschen. Kinder, Frauen, Männer, die zusammen lachen, palavern oder einfach dasitzen und die Nacht geniessen. Vorne an der Hauptstrasse stehen ein paar Marktstände, die frisch gerupfte Hühner anbieten. Lotti sucht sich eines aus, das in kleine Stücke zerhackt, mit Chili kräftig gewürzt und dann mit dick geschnittenen Zwiebeln über dem offenen Feuer gegrillt wird. Der Grill ist ein altes Blech, in das Löcher geschlagen wurden. Der Hackstock ist mit Fliegen übersät. Ein paar wenige Glühlampen spenden fades Licht. Es hat drei Restaurants, an deren Tischen man das essen kann, was man an den Ständen gekauft hat, falls man dazu etwas zu trinken bestellt.

Wir müssen nicht überlegen, was wir trinken wollen: afrikanisches Bier. Es kommt zusammen mit einer grossen, leeren Blechbüchse ohne Deckel und einem Plastikmessbecher voll Wasser auf den Tisch. Lotti bemerkt meinen fragenden Blick und zeigt mir, wozu die beiden Utensilien gedacht sind. Sie hält ihre Rechte über die Blechbüchse und schüttet mit der Linken Wasser aus dem Messbecher darüber. «Die Serviette der afrikanischen Slums!» Das Bier ist kühl und in seiner Frische einmalig, das Hühnchen, das vom Standbesitzer höchstpersönlich serviert wird, hervorragend. Mein Appetit, nach der langen Reise und trotz meiner Begegnungen im Sterbespital, auch.

Lotti sagt, sie geniesse es, mich die nächsten Tage hier zu haben, nicht zuletzt weil sie sich alleine nur ganz selten aufraffe, auf den Nachtmarkt zu gehen. Wir trinken, essen (mit den Händen), und Lotti erzählt, wie sie hier, wo man sonst keine Weissen sehe, einmal zwei Europäer gesichtet habe. Sie hätten sich mit einem Standbesitzer auf Französisch unterhalten und ein Hühnchen kaufen wollen. Den Akzent habe sie sofort erkannt, sie sei zu den beiden hingegangen, habe sich vor sie hingestellt und sie auf Schweizerdeutsch gefragt: «Was macht ihr denn hier?» Die beiden Globetrotter seien fast aus ihren Gesundheitssandalen gekippt.

Auf dem Weg zurück ins Ambulatorium staune ich abermals über das Treiben in und vor jeder noch so kleinen, armseligen Hütte und frage Lotti, wie diese Menschen die Ausgangssperre bloss ausgehalten hätten. Lotti meint: «Es war, wie ich dir ja schrieb, grauenvoll.» Nur, als ich den Satz las, war mir weder bewusst, wie sehr die Nächte das Leben in den Slums bereichern, noch dachte ich daran, dass eine nächtliche, zwölfstündige Ausgangssperre in einem Land, das unter der Hitze des Tages leidet und dessen Leben weit gehend draussen stattfindet, der Massenfolter gleichkommen muss. Vor allem wusste ich nicht, dass die Hütten meist nur über einen einzigen Raum für zig Leute verfügen.

Im Ambulatorium angekommen, verabschieden wir uns, ich steige die steilste aller je von mir erstiegenen Treppen hoch, schliesse mein Zimmer auf, packe das Nötigste aus und nehme eine kalte Dusche. Erlebe, dass eine kalte Dusche in einem heissen Land nicht kalt ist, sondern pures Glück. Wie eine überreife Pflaume falle ich schliesslich ins Bett, kann aber nicht einschlafen, da es viel zu heiss ist. Von wegen kalt und Regenzeit! Ich schäle mich aus meinem Laken, schalte die Klimaanlage ein, der einzige Luxus, den sich Lotti leistet, und schlafe so tief und fest wie danach viele Nächte nicht mehr, aber das konnte ich zu diesem Zeitpunkt noch nicht wissen.

Samstag, 14. Juni 2003

Um halb sechs Uhr weckt mich die Kälte im Zimmer, ich schalte die Klimaanlage ab, lege mich nochmals hin und erwache eine Stunde später, weil es heiss ist. Ich nehme eine erfrischende Dusche, putze die Zähne, ziehe mich an. Als ich um Viertel vor sieben fertig bin, höre ich Lotti im Hof reden. Rein in die Turnschuhe und runter zu ihr. Lotti stellt mich Ouattara, dem Nachtwächter, vor, der uns gestern das Tor geöffnet hat und im Ambulatorium schläft. Auf seinem Arm hält er ein zirka sechs Monate altes Baby, das keine Windeln trägt und mich mit grossen Augen bestaunt. «Das ist Ouattaras Sohn, Aziz», sagt Lotti und fügt hinzu, «Aziz, so heisst auch mein Mann. Lust auf Frühstück?»

Wir gehen zwanzig Schritte über die Strasse zum so genannten Kiosk, wo es Pariserbrot und Kaffee gibt, der mehr an Zuckerwasser als an etwas anderes erinnert. Das Brot wird vom Kioskbetreiber mit einem grossen Messer halbiert, dann mit Hilfe eines verbogenen Kaffeelöffels mit weicher Margarine dick bestrichen, landet auf einem Plastikteller und wird sofort mit einem anderen, umgekehrten Plastikteller zugedeckt, damit die unzähligen Fliegen, die sich um die Margarine streiten, keine Chance haben. Der Kaffee wird sehr speziell zubereitet: In eine Tasse aus durchsichtigem Glas kommen zwei Zentimeter süsse, dickflüssige Kondensmilch aus der Dose, dann zwei Kaffeelöffel Nescafé, auch aus der Dose, und dann, aus einer grossen, alten, zerbeulten Thermoskanne, heisses Wasser. Zum Glück bin ich keine Kaffeetrinkerin. Zum Runterspülen der Malariatablette ist er perfekt.

Lotti bittet den Kioskbetreiber, das Radio leiser zu stellen, was dieser sofort tut, und zwar gründlich, er stellt gleich ganz ab. «Normalerweise», klärt Lotti mich auf, «muss ich ihn gar nicht erst darum bitten, er weiss, dass es mir schnell zu laut ist», sagts und beisst in ihr Pariserbrot. Die Natürlichkeit, mit der sie sich im Slum bewegt, ihr offenes Wesen, ihr Lachen, ihr «bonjour» und ihr «comment ça va?», ihre Selbstverständlichkeit verblüffen mich, beweisen, wie sehr sie hier zu Hause ist. Daheim. Mir gehen Fragen durch den Kopf, Fragen zu ihrer Familie, ihrer Kindheit, ihrem Werdegang, ich halte mich aber zurück. Das Schweigen zwischen uns sagt im Moment genug. Zum Beispiel, dass sie eine unendlich geduldige Frau sein muss und eine, die im Moment lebt. Im Hier und Jetzt. Heute.

Eine Frage stelle ich dann doch, bevor sie den Kaffee ausgetrunken hat.

«Was hast du eigentlich für eine Ausbildung?»

«Keine.»

«Keine?»

«Ja, keine.»

«Was heisst keine, ich meine, du musst doch bestimmt Krankenschwester oder Pflegerin sein.»

«Muss ich?»

«Musst du nicht?»

«Nein.»

«Okay.»

Lotti blickt auf die Uhr.

«Wir müssen jetzt ins Ambulatorium, die Sprechstunde beginnt bald. Aber keine Angst, die Geschichte, warum ich nichts gelernt habe, werde ich dir morgen erzählen. Morgen ist Sonntag, morgen habe ich Zeit.»

«Ist es eine schöne oder eine traurige Geschichte?»

«Es ist die Geschichte meiner grossen Liebe.»

Lotti bezahlt. Für zwei Frühstücke umgerechnet einen Franken. Sie sagt «au revoir», dann gehen wir die paar Schritte zum Ambulatorium zurück, wo hinter dem Eisentor bereits Menschen vor einem Tisch mit Sonnenschirm Schlange stehen. Sie warten darauf, umgerechnet 75 Rappen zu bezahlen. Dafür wird ihnen eine Nummer ausgehändigt, die sie zur Konsultation beim Arzt berechtigt.

Der Arzt, Dr. Germain Gnode, ein Afrikaner, der unentgeltlich im Ambulatorium arbeitet, sitzt bereits in seinem Sprechzimmer. Lotti stellt mich kurz vor, viel Zeit haben beide nicht. Rechts von Dr. Gnodes Sprechzimmer ist Lottis Büro, links davon die Apotheke, daneben befinden sich drei Zimmer mit je drei Betten für diejenigen Patienten, die zu krank sind, um sitzend auf den Arzt zu warten. Die Zimmer sind, wie im Sterbespital, u-förmig angelegt, sodass es auch hier einen Hof gibt, der von einem grossen «arbre parasol» beschattet wird, einem «Sonnenschirm-Baum», der seinem Namen alle Ehre macht und schnell wächst. Die Zimmer sind nicht gemauert, sondern aus Eisen. Ausrangierte Schiffscontainer. Betoniert ist einzig das ambulatoriumseigene Labor, über welchem Lotti ihren Adlerhorst gebaut hat.

Das Treiben im Hof wird von Minute zu Minute bunter. Es kommen immer mehr Menschen, sie bezahlen, erhalten ihre Nummer, setzen sich auf die lange Bank, die vor den Schiffscontainern angebracht ist, und warten. Warten stundenlang und seelenruhig, bis sie an der Reihe sind. Der Arzt sieht an manchen Tagen über hundert Patienten. Patienten, die mit den unterschiedlichsten Krankheiten an ihn herantreten. Die Mehrheit leidet an Aids, danach kommen Malaria, Tuberkulose und infektiöse Durchfallerkrankungen.

Das Ambulatorium feierte seine Eröffnung am 1. Februar 1999. Bis heute fanden rund neunzigtausend Konsultationen statt. Anfänglich nannte Lotti das Ambulatorium «Centre Espoir», Zentrum der Hoffnung. Dann, als sie – am 2. September 2002 – das Sterbespital eröffnete, hängte sie eine Eins dahinter, also «Centre Espoir Un». Dem Sterbespital gab sie den Namen «Centre Espoir d'Eux». Ein Wortspiel. «Deux» heisst auf Französisch zwei, «d'Eux», für sie. Das zweite Zentrum also ist das «für sie», für die an Aids Erkrankten. Das neu entstehende Mütter- und Kinderheim wird «Centre Espoir Trois» heissen.

Lotti geht in ihren Container, dort stehen ein Tisch, drei Stühle, ein Korpus. Ein aus dem Eisen geschnittenes Loch dient als Fenster. In seiner Einfachheit hat das Büro etwas Ergreifendes, wohl auch, weil Lottis Persönlichkeit in jeder Ecke zu spüren ist. An den Wänden kleben Fotos, die einige der Menschen zeigen, die hier Hilfe und Unterstützung bekommen haben. Vor dem Fenster hängt, an einem Kleiderbügel, ein Strampelhöschen. Übersät mit kleinen Löchern und grau vor Schmutz. Ein «Geschenk», das Lotti für die ärmsten der Armen bekam. Sie stellt es hier mit dem Kommentar aus: «Même pauvre, je vaux mieux que ça.» «Obwohl arm, bin ich mehr wert als das.» Es gibt auch ein paar schöne, gross auf

Papier geschriebene Worte. Sätze wie: «Aids zu ignorieren, bedeutet sterben, Aids zu akzeptieren, leben.» Oder: «Gott hat uns das Leiden nicht erspart, er hat uns aber die Kraft gegeben, es zu erdulden.»

Als sich Lotti an ihren Schreibtisch setzt, bittet sie mich, hinter ihr Platz zu nehmen, der Stuhl gegenüber bleibt leer. Ich habe noch keine Ahnung, was jetzt kommt. Wird sie hier Impfungen machen, den Patienten den Blutdruck messen oder Babys ihren Brei einlöffeln?

Erst einmal ordnet sie Papiere, sagt: «Das dürfte länger dauern», und empfiehlt mir, ich solle doch zu Adelaide gehen. Adelaide? Lotti macht grosse Augen: «Du kennst Adelaide noch nicht, dann wird es aber Zeit. Dort in der hinteren linken Ecke, zwischen den zwei Containern mit den Betten wirst du sie antrefffen.» Also gehe ich und finde sie. Erkenne sie sofort an ihrer weissen Schürze.

Adelaide steht an einem riesengrossen Topf, in welchem über einer Gasflamme Babybrei köchelt, steht inmitten von zig Müttern mit ihren Kleinkindern und schöpft Brei in Schüsselchen. Adelaide hat streng nach hinten gekämmtes Haar und ein etwas burschikoses Auftreten. Sie ist eine zweiundvierzigjährige Frau und, seit dem Tod ihres Mannes, allein erziehende Mutter von sieben Kindern. Mit der Arbeit, die sie bei Lotti gefunden hat, ernährt sie die ganze Familie.

Adelaide erzählt nicht ohne Stolz, von ihr stamme die Idee, die Hälfte der Teigwaren, die Lotti von einer Libanesin Woche für Woche geschenkt bekomme, zur Getreidemühle zu fahren, um sie dort zu mahlen. Aus diesem Teigwarenmehl mache sie den Brei für die Kinder. Manchmal süssen, manchmal salzigen. Links und rechts, vor und hinter ihr, überall sitzen junge Mütter auf dem Boden und füttern ihren Nachwuchs. Sicher dreissig Babys und absolut kein Geschrei. Nur satte Zufriedenheit.

Wieder in Lottis Büro, übergibt sie mir einen Stapel Blätter, sagt: «Die Aidstestresultate von gestern, die Realität von heute.» Auf dem obersten Blatt springt mich ein mit gelbem Leuchtstift herausgestrichenes Wort an: «Positiv». Ich sehe mir die nächsten Blätter an: «Positiv. Positiv. Positiv.» Ich zähle sie, es sind zweiunddreissig, das Wort «Negativ» finde ich nur dreimal.

Als ich Lotti die Blätter zurückgebe, bleibt keine Zeit, Fragen zu stellen, denn genau in diesem Moment betritt ein kleiner, sehr dünner Mann den Container. Jetzt erfahre ich, was Lotti hier tut: sprechen. Ich erlebe, was mich in den nächsten Tagen von Gespräch zu Gespräch immer mehr faszinieren wird – Lotti in ihrem Element.

«Hallo, du kommst, um deine Medikamente zu holen, das ist gut. Wie geht es dir?»

«Es geht. Ich habe oft Kopfschmerzen, und manchmal habe ich auch Fieber.»

«Nimmst du die Tabletten regelmässig?»

«Ja.»

«Isst du richtig? Isst du Fisch und Fleisch und Gemüse?»

«Ich esse vor allem Reis.»

«Das genügt nicht, du musst Eiweiss zu dir nehmen und Vitamine. Ich habe dir doch angeboten, zu uns ins Centre Espoir d'Eux zu kommen, um dort zu essen. Warum tust du es nicht?»

«Weil ich Geld verdienen muss für meine Familie.»

«Hast du eine Stelle gefunden?»

«Nein, aber ich fahre jeden Tag zum Hafen runter und stelle mich dort in die Gruppe der Arbeit Suchenden. Manchmal habe ich Glück und bin einer von jenen, die Arbeit kriegen.»

«Wie viel verdienst du dabei?»

«Tausendfünfhundert Franc pro Tag.»

Lotti schaut mich an, erklärt: «Tausend afrikanische Franc, man nennt sie auch CFA, das sind zwei Franken und fünfzig Rappen», dann spricht sie wieder mit dem Mann:

«Und der Transport? Was kostet dich der Transport zum Hafen und zurück?»

«Fünfhundert Franc.»

«Du verdienst also tausend, wenn du Arbeit findest. Und wenn du keine findest, verlierst du fünfhundert?»

«Ja.»

«Wenn es dir zu viel wird, sag es mir, jetzt gebe ich dir erstmal die Tabletten für eine Woche. Vergiss nie, sie zu nehmen. Au revoir.»

«Vielen Dank, auf Wiedersehen.»

Kaum ist der Mann draussen, steht eine Frau in der Tür, Lotti begrüsst sie mit: «bonjour, maman», und bittet sie, Platz zu nehmen.

«Dich sehe ich zum ersten Mal, glaube ich, ist das so?»

«Nein, ich war vor drei Wochen schon mal hier.»

«Warum?»

«Es ging mir nicht gut, und du hast mir empfohlen, mir Blut nehmen zu lassen.»

«Und – hast du das gemacht?»

«Ja.»

«Weisst du, was wir untersucht haben?»

«Nein.»

«Habe ich dich damals gefragt, ob du oft Kopfschmerzen hast?»

«Ja, und ob ich schon einmal eine Gürtelrose hatte, ob mein Körper ab und zu heiss wird und ob ich unter Durchfall leide. Du hast auch gefragt, ob ich meine Menstruation regelmässig habe.»

«Gut, maman, dann weiss ich, welchen Test wir gemacht haben, also lass mich das Resultat nachschauen. Du sagst, das war vor drei Wochen, warum bist du nicht früher gekommen?»

«Ich hatte keine Zeit.»

Lotti nimmt den Ordner zur Hand, in dem sie die noch nicht abgeholten Testresultate aufbewahrt, und sucht nach dem Namen der Frau. Gleichzeitig redet sie weiter, und ich werde den Eindruck nicht los, sie tut dies, um mir Afrika verständlich zu machen.

«Wie alt bist du?»

«Siebenundzwanzig.»

«Hast du Kinder?»

«Ja.»

«Wie viele?»

«Sechs.»

«Von wie vielen Männern?»

«Drei.»

«Wo sind sie?»

«Die Väter?»

Lotti nickt.

«Einer ist gestorben, einer lebt mit einer anderen Frau, und der, der jetzt bei mir ist, ist krank.»

«Er müsste sich auch testen lassen. Ich weiss, das ist schwierig. Die Frauen sind mutiger. So, jetzt habe ich es gefunden, du bist sero-positiv, maman, weisst du, was das heisst?»

«Nein.»

«Du hast Aids. Ich sage dir das, obwohl ich weiss, dass man sich in Afrika die Wahrheit nicht sagt. Ich sage dir das, damit du eine Chance hast, denn man kann mit Aids leben. Aids ist eine chronische Krankheit wie Blutzucker oder Bluthochdruck. Wenn du positiv bist, heisst das noch lange nicht, dass du sofort krank werden musst, es heisst nur, dass du die Krankheit in dir trägst, verstehst du das?»

«Ja.»

«Ich werde dir Tabletten mitgeben, von denen wirst du von heute an jeden Tag zwei nehmen. Es ist ein Sulfonamid und kann dich vor Ansteckungen schützen. Weisst du, das grosse Problem mit Aids ist, dass man weniger Abwehrkräfte hat. Ich gebe dir ein Beispiel: Wenn vor dieser Tür hier ein Mensch sitzt, der eine Tuberkulose hat und, ohne die Hand vor den Mund zu halten, hustet, dann fliegen die Bakterien, die diese Krankheit auslösen, acht Meter weit. Treffen sie dich, die du positiv bist, ist das sehr viel schlimmer, als wenn sie mich treffen. Meine Abwehrkräfte sind in Ordnung, deine nicht mehr, deshalb musst du dieses Sulfonamid nehmen. Von heute an immer, du darfst keinen einzigen Tag auslassen. Und du musst gut essen. Jeden Tag etwas Fisch oder Fleisch und Gemüse. Nicht nur Reis. Reis macht dich zwar satt, aber er ernährt dich nicht. Wie viel Geld hast du für dich und deine sechs Kinder zum Essen zur Verfügung?»

«Manchmal fünfhundert, manchmal tausend Franc.»

«Und wie verdienst du es dir?»

«Ich habe einen kleinen Marktstand mit Avocados.»

«Gut. Also, ich gebe dir jetzt Sulfonamid-Tabletten für eine Woche. In einer Woche kommst du wieder und holst dir neue. Ich möchte dich von nun an jede Woche hier sehen und wissen, wie es dir geht. Vergiss nie, die Tabletten zu nehmen, nimm sie jeden Tag. Sie sind deine besten Freundinnen, sie beschützen dich. Wenn dich jemand fragt, wie deine besten Freundinnen heissen, dann sagst du, was sagst du dann?»

Die Frau lächelt.

«Sulfonamid.»

«Genau. Und noch etwas: Von nun an wirst du niemals mehr mit einem Mann schlafen, ohne dabei ein Kondom zu benutzen, nie mehr, hast du das verstanden?»

«Und wenn er nicht mit Kondom will?»

«Dann schickst du ihn weg. Dann hat er dich nicht verdient. Dann kannst du ihn sowieso gleich vergessen. Du schützt nicht nur ihn durch das Kondom, sondern auch dich, denn das Kondom hilft, dass du dich nicht mit anderen Krankheiten ansteckst. Brauchst du Kondome? Ich kann dir welche geben.»

«Vielleicht nächste Woche.»

«Okay maman, dann gebe ich sie dir nächste Woche, aber vergiss nicht, was ich gesagt habe: Kein Kontakt ohne Kondom! Es ist verboten! Hörst du mir zu?»

«Ja, ja.»

«In dem Land, wo ich geboren bin, kommt jemand, der weiss, dass er Aids hat und trotzdem ohne Kondom mit jemandem schläft, ins Gefängnis. Hier in Afrika ist das nicht so, aber schuldig machst du dich trotzdem.»

«Nie mehr ohne Kondom, ich habe verstanden.»

«Dann bis nächste Woche, maman, au revoir.»

Die Frau steht auf und geht hinaus. Bereits will jemand Neuer eintreten, aber Lotti bittet um fünf Minuten Pause, fünf Minuten, in welchen sie meine mir ins Gesicht geschriebenen Fragen beantwortet, ohne dass ich auch nur eine einzige davon stellen muss.

«Mit ‹maman›, dem französischen Wort für Mutter, spricht man hier alle jungen Frauen an. Die älteren nennt man ‹vieille›, Alte. Als man mich zum ersten Mal Alte nannte, war ich beleidigt. Inzwischen weiss ich, dass es ein grosses Kompliment ist, so genannt zu werden, mehr noch, es ist eine Ehre. Aidstests empfehlen wir, wenn jemand stark abgemagert ist, Durchfall und Fieberanfälle hat und oft unter Kopfschmerzen leidet. Auch eine

Gürtelrose kann ein Indiz für Aids sein, genau wie ausbleibende Menstruation. Die Tests sind gratis und das Sulfonamid auch. Später erkläre ich dir mehr, jetzt muss ich weitermachen.»

Die junge Frau, die vorher warten musste, kommt auf einen Wink Lottis herein, setzt sich ihr gegenüber, reicht ihr ein voll gekritzeltes Stück Papier.

«Guten Morgen, Elisabeth, du hast die Liste gemacht, das ist gut.»

Lotti liest das Papier durch, sagt dann:

«Du brauchst vier Tische? Willst du ein Restaurant aufmachen oder was?»

«Nein, einen Stand, an welchem ich Maiskolben grillen und die dann verkaufen kann, das weisst du doch.»

«Und dafür brauchst du vier Tische?»

«Ja.»

«Vergiss es! Schreib eine neue Liste, und komm später wieder. Ich gebe dir doch nicht Geld für vier Tische, wenn einer reicht.»

«Aber –»

«Weisst du, du musst klein beginnen, man kann nicht gleich mit der grossen Kelle anrühren. Wenn dein Geschäft erst läuft, dann kannst du dir vom Gewinn weitere Tische kaufen, aber ich gebe dir bestimmt nicht Geld für vier Tische. Geh jetzt, und mach eine neue Liste.»

Als Elisabeth hinausgeht, kommt ein alter Mann herein, er geht gebückt, setzt sich, wartet, denn Lotti erklärt mir, dass sie Frauen, die einen Marktstand aufmachen wollen, Geld leiht, das diese nach drei Monaten in Raten zurückzahlen müssen. Sie gebe das Geld allerdings nur, wenn es wirklich Sinn mache. Und dies hier habe keinen Sinn gemacht. «Du wirst sehen, es klappt schon noch, morgen kommt sie und hat nur noch einen Tisch auf ihrer Liste. Das heisst, morgen ist ja Sonntag, morgen haben wir hier geschlossen, sie wird am Montag kommen. Und jetzt zu dir, papa, was macht dir Sorgen?»

«Meine Augen.»

«Warst du beim Arzt?»

«Gerade vorhin, ja.»

«Und, was hat er gesagt?»

«Er hat mir dies hier gegeben.»

Der Mann reicht Lotti ein Rezept, sie liest es.
«Und jetzt? Warum kommst du damit zu mir?»
«Ich habe kein Geld, um all das kaufen zu können.»

Lotti schreibt Preise neben die Medikamente auf dem Rezept – ganz offensichtlich kennt sie diese in- und auswendig –, dann rechnet sie zusammen.
«Achttausend Franc, das ist wirklich viel Geld. Ich werde dir helfen, sie zu kaufen. Aber einen Teil musst du selbst bezahlen, kannst du das?»
«Ich habe tausend Franc hier.»
«Gut, das ist gut. Ich gebe dir nochmals dreitausend, und dann gehst du zu unserer Apotheke, gleich neben dem Sprechzimmer. Dort wirst du alles für die Hälfte, für viertausend Franc, bekommen.»
«Danke, Doktor.»
«Ich bin kein Doktor, ich bin Lotti.»
«Doch, für mich bist du einer.»

Der Mann lächelt, steht auf, gibt Lotti die Hand. Er wird nicht mehr lange sehen können, hat, wie mir Lotti später bestätigt, den grauen Star. Eine Krankheit, die man in der Schweiz operieren würde, eine Krankheit, die auch in Afrika operiert wird. Falls Geld vorhanden ist. Ist kein Geld da, führt sie in die Dunkelheit.

Kaum ist er draussen, steht schon die nächste Frau im Türrahmen. So geht das den ganzen Morgen. Als es zwölf Uhr ist, kommt niemand mehr. Lotti steht auf, macht schnell Ordnung auf ihrem Tisch, will wissen, ob ich hungrig sei, denn Zeit zum Mittagessen habe sie jetzt keine. Sie werde heute erst am Abend essen. Überhaupt esse sie, ausser dem Frühstück, nur eine warme Hauptmahlzeit pro Tag. Manchmal am Mittag, manchmal am Abend, je nachdem. Ich bin froh über die aus der Schweiz mitgebrachten Crackers, die ich während unserer Fahrt ins Sterbespital verdrücke.

Im Centre Espoir d'Eux angekommen, steigen wir aus. Lotti will über Mittag ein paar Dankeskarten für Spenden schreiben, die sie von einer Hochzeitsgesellschaft erhielt, deren Brautpaar zu Gunsten der Centres Espoirs auf Geschenke verzichtete. Sie setzt sich ans Pult in ihrem kleinen Zimmer und überlässt mich meinem Schicksal. Und das ist gut, denn so habe ich Zeit, mich umzusehen, schliesslich war es gestern dunkel. Jetzt erkenne ich, dass – genau wie beim Ambulatorium auch – ein Sonnenschirm-Baum in der Mitte des Hofes steht, bloss ist dieser noch klein und muss wachsen.

Ich sehe die Worte «Paix», «Shalom» und «Salam», das französische, hebräische und arabische Wort für Frieden an der einen Wand hinter den vier grossen Esstischen und an einer anderen Wand den Spruch: «Jeder, der ein Menschenleben rettet, rettet die ganze Welt.» Und ich sehe die Raumnot. Drei Matratzen sind schon auf dem Boden, die Patienten, alles Frauen, die dort liegen, haben in den übervollen Zimmern keinen Platz gefunden. Ich gehe in die Küche und begrüsse Hortense, die Köchin, und Solange, das Kindermädchen. Ich sage Arlette und ihren beiden Kindern «Hallo» und habe nicht den Mut, in die Spitalzimmer zu gehen. Also lerne ich Yusuf kennen. Yusuf ist ein acht Jahre alter Junge, dessen Mutter Maryam sterbenskrank in einem der Frauenzimmer liegt.

Da Yusuf keinen Vater mehr hat, nahm ihn Lotti gleich mit auf. Er schläft in einem kleinen Kinderbett am Fussende des Bettes seiner Mutter. Dort kann er im Schlaf zwar seine Beine nicht strecken, aber dafür hört er seine Mutter atmen. Er führt mich zu ihr, sie lächelt. Trotz ihrer mageren Gestalt ist ihr Gesicht mit den elegant geschwungenen Augenbrauen und den klaren Zügen wunderschön. Sie muss, als sie noch gesund war, eine «beauté» gewesen sein.

Maryam ist so schwach, dass sie einschläft, während Yusuf und ich an ihrem Bett stehen. Yusuf sieht mich an, nimmt meine Hand, führt mich hinaus zu seinem Freund Bouba. Bouba ist zwölf und hat keine Mutter im Spital, sondern eine, die zu Hause ist. Sie heisst Assita und ist im sechsten Monat schwanger. Da Assita aidskrank ist, fehlt ihr die Kraft, für Bouba zu sorgen, und deshalb kommt Bouba jeden Nachmittag ins Sterbespital, setzt sich zu den andern an den Tisch und isst sich satt. Vier Brüder hat er an Aids verloren, seinen Vater auch. Er und seine Mutter sind die Einzigen, die noch leben. Betonung auf noch. Denn eine Schwangerschaft, erklärt mir Lotti später, fordert einer Aidspatientin alles ab. Lotti hat Assita, die sie schon seit Jahren kennt, gesagt, sie dürfe nie mehr schwanger werden, sie dürfe nie mehr ohne Kondom mit einem Mann schlafen. Assita hat genickt, stand drei Monate später wieder da, sagte, sie sei schwanger, aber dafür könne sie nichts, es sei einfach so passiert.

Bouba und Yusuf sind Schulkollegen. Sie gehen in die slumeigene, kostenpflichtige Schule. Lotti zahlt das Schulgeld. Die beiden sind gewiefte Kerle. Intelligent und interessiert, stellen sie Fragen über Fragen, wollen wissen, was ich hier genau tue und wie es dort, wo ich herkomme, aussieht. Ich setze mich zu ihnen an den Tisch, komme mit dem Beantworten der Fragen aber nicht weit, denn bald schon bin ich eingekreist von drei weiteren kleinen Buben. Bouba stellt sie mir vor: Christ, Mohamed und Emanuel. Christ ist vier Jahre alt, hat tiefschwarze Augen und auf dem Kopf die schütteren Haare eines alten Mannes. Mohamed ist siebzehn Monate und erinnert mich in seiner unsicheren Art zu gehen an ein eben erst geborenes Lämmchen, das seine ersten Schritte wagt. Und Emanuel, Emanuel ist zwanzig Monate, dünn und sehr eifersüchtig. Das stellt sich heraus, als ich Mohamed auf meinen Schoss nehme, weil er auf seinen wackeligen Beinen umzukippen droht. Für Emanuels Eifersucht gibt es einen Grund, den ich aber erst später erfahren werde. Gerade als ich ihn auch auf meinen Schoss nehmen will, kommt Lotti und fragt mich, ob ich hier bleiben oder mitkommen wolle, um im Container zu sitzen.

Ich entscheide mich für den Container, denn von den Gesprächen, die Lotti mit ihren Patienten führt, möchte ich mir keines entgehen lassen. Wir steigen ins Auto, ich frage Lotti, warum wir nicht zu Fuss gehen, es sei ja nicht weit. «Weil ich das Auto brauche, du wirst schon sehen, ich brauche es immer.»

Ein junger, sympathischer Mann, der, wie es scheint, einfach Hallo sagen will, kommt als Erster rein. Lotti bittet ihn, mir seine Hand zu zeigen. Ihr fehlt der Zeigefinger. Dass er noch über die restlichen vier Finger verfüge, dass er überhaupt noch lebe, erzählt er mir mit sichtlichem Stolz, das habe er Lotti zu verdanken. Sein Vater hatte ihn vor drei Jahren in die linke Hand gebissen. Als er endlich ins Ambulatorium kam, war die Blutvergiftung schon bis unter die Achselhöhle gekrochen. Der Eiter, der aus seiner Wunde floss, erinnerte an Milch, die aus einem übervollen Euter tropft. Ich weiss das so genau, weil Michael, so heisst er, in dem Fernsehbericht gezeigt wurde, den ich eines Sonntagmorgens vor rund sieben

Monaten am Schweizer Fernsehen über Lotti gesehen habe und der, das wird mir erst heute bewusst, bereits vor drei Jahren gedreht worden ist. Dass ich den Patienten treffe, dessen Schicksal und schmerzerfülltes Jungengesicht mich damals so beelendeten, dass ich vom Bildschirm wegsehen musste, freut mich. Er erzählt, er arbeite ab und zu als DJ in einer Disco, und lädt uns ein, einmal tanzen zu kommen. Lotti lacht ihr helles Lachen und verspricht nichts. Dann wird klar, dass er doch nicht kam, um einfach Hallo zu sagen, sondern weil er für sein Baby Medikamente braucht und von Lotti Geld haben möchte: «Vergiss es, du arbeitest doch», sagt sie und winkt ihn raus. Er geht lachend weg, Lotti schaut mich an: «Ich habe inzwischen eine Nase dafür entwickelt, wer wirklich Hilfe braucht und wer nicht.»

Als Nächstes kommen drei Frauen auf einmal herein, sie erzählen von einer Nachbarin, die Durchfall habe und seit Tagen nur noch am Boden liege. Lotti steht auf, nimmt die Wagenschlüssel, sagt: «Gehen wir.» Lotti fährt, ich sitze neben ihr, die drei Frauen hinten. Eine von ihnen weist Lotti den Weg. Wir fahren die Holperstrasse des Slums hinauf bis zur geteerten Hauptstrasse, biegen nach zehn Metern aber schon wieder rechts ab, werden durchgerüttelt und kommen – nachdem zwei Marktstände aus dem Weg geräumt worden sind – an. Mir zieht sich der Magen zusammen. In meinem Kopf türmen sich Fragen. Fragen wie: Was tue ich hier? Was erwartet mich hier? Wieso hat Lotti den Arzt nicht mitgenommen? Die Antworten sind simpel: Ich hole zusammen mit Lotti eine Frau, die höchstwahrscheinlich Aids hat und ins Spital gebracht werden muss. Es erwartet mich ein Zimmer, das man in der Schweiz bestenfalls ein Loch nennen würde, das aber sechs Personen beherbergt. Es ist betoniert, hat zerrissene Wahlpropaganda an den Wänden, in einer Ecke einen Stapel voller Tücher und Kleider, in einer anderen einen Haufen Kochgeschirr. Auf drei Stühlen sitzen Kinder, ein kleines Radio plärrt, das Lotti sofort abstellen lässt. Auf dem Boden liegt eine schmutzige, unbezogene Schaumgummimatte, auf welcher nicht nur die kranke Frau, sondern auch ein junger Mann liegt. Und ein Arzt ist nicht dabei, weil es keinen Arzt braucht, denn Lotti weiss, was zu tun ist. Nur ich weiss das noch nicht, denke, man kann doch nicht so ganz allein einfach irgendwo hingehen, ohne zu wissen, was einen erwartet. Doch! Lotti kann das. Und zwar gut.

Sie kniet sich neben die Matte, sagt Hallo, berührt die Stirne der Frau, fragt, wo es fehle. Es fehlt überall. Sie hat Durchfall, keine Kraft, viel abgenommen, keine Menstruation, eine Gürtelrose und Fieber. Lotti erklärt, sie werde sie ins Spital bringen, davor möchte sie aber noch wissen, wer der junge Mann neben ihr sei. Er sei ihr Bruder, sagt sie, ihm gehe es erst seit gestern schlecht. Lotti sagt, er müsse sich im Ambulatorium melden, und zwar noch heute, nicht erst morgen. Morgen gehe es überhaupt nicht, denn morgen sei ja Sonntag, also müsse er heute noch kommen, das sei wichtig, dort könne man ihm helfen. Der junge Mann nickt, und ich sehe ihm förmlich an, dass er heute mit Bestimmtheit nicht ins Ambulatorium gehen wird. Wenn überhaupt, dann erst am Montag. Lotti hilft der Frau aufzustehen, sie ist sauber angezogen und offensichtlich froh fortzukommen. In der Hütte war es dunkel, wieder draussen in der hellen Sonne sehe ich, dass man die schreckliche Diagnose vom Gesicht der Frau ablesen kann. Lotti führt sie zum Auto, ich öffne die Tür, helfe beim Einsteigen. Zwei der drei Frauen, die uns begleitet haben, setzen sich zu der Kranken ins Auto, die andere bleibt bei der Hütte, dann geht es Schlagloch um Schlagloch ins Sterbespital, und während wir fahren, überlegt Lotti laut, wo sie die neue Patientin hinbetten soll: «Ich habe noch nicht einmal mehr grosse Matratzen, ich werde drei Kindermatratzen aneinander legen und diese mit einem Fixleintuch beziehen, dann kann ich sie auf den Boden betten.»

Kaum angekommen ruft Lotti nach YaYa. YaYa, ein junger Pfleger, kommt, fasst die Frau beim Ellenbogen und führt sie zu einer der Bänke vor den Spitalzimmern. Lotti weist ihn an, drei Kindermatratzen zu holen und sie neben die anderen Patienten, die im Hof liegen, auf den Boden zu legen. YaYa tut dies, hat dann aber das Problem, dass nicht mehr genügend Platz für eine weitere Liegestelle bleibt. Also entscheidet Lotti, die Tische zusammenzustellen. Gesagt, getan, und so sind, in einem Spital mit zweiundzwanzig Betten, mit der neu angekommenen Patientin und all den Kindern ab sofort vierzig Personen untergebracht. Die Frau legt sich hin. YaYa holt eine Infusion, die ihr Felix, ein anderer Pfleger, routiniert steckt. Derweil sitzt Lotti mit den Begleitpersonen auf der Bank vor den Spitalzimmern und nimmt die Personalien der Patientin auf. Das grösste Problem dabei ist, dass die Menschen keine Adresse haben. Sie wohnen einfach irgendwo. Es braucht immer jemanden, der einen zu ihnen hinführt. Ein anderes Problem ist das Fehlen von Telefonen. Es dauert lange, bis sich die beiden Frauen an die Handynummer eines Nachbarn erinnern, den man im Notfall anrufen kann. Als Lotti alles aufgeschrieben hat, geht sie zu der neuen Patientin, streichelt ihr über den Kopf, sagt: «Die Infusion wird dich stärken, Dr. Gnode wird vorbeikommen, und später wirst du etwas zu essen bekommen.» Dann steht sie auf, geht zu ihrem Auto. Während wir ins Ambulatorium fahren und sie beinahe abermals die drei Hühner massakriert, erzählt sie mir: «Einmal, als ich einer neu eingetretenen Frau über den Kopf gestreichelt habe, begann sie zu weinen. Auf meine Frage, warum sie weine, antwortete sie mir, dass ihr in ihrem ganzen Leben noch nie jemand über den Kopf gestreichelt habe.» Lotti schliesst mit dem trockenen Satz: «Die Frau hatte vier Kinder.» Zärtlichkeiten seien hier, abgesehen von der Babybetreuung, nicht an der Tagesordnung, weder im Umgang mit Kindern noch zwischen Liebenden. Sie habe sich lange gefragt, warum dies so sei, und habe dann bei sich gedacht, dass die Menschen hier für Zärtlichkeiten offensichtlich einfach keine Zeit hätten.

Als wir im Ambulatorium ankommen, ist die Schlange vor Lottis Büro noch länger. Von Unmut keine Spur. Man wartet eben. Wartet stundenlang. Auf meine Frage, warum an einem Ort, wo die Menschen Zeit haben, stundenlang stoisch zu warten, keine Zeit für Zärtlichkeiten vorhanden sei, meint sie: «Wenn man hier warten muss, wartet man eben. Ohne afrikanische Geduld, das habe ich dir ja schon geschrieben, kommst du hier nicht weit. Warum die Geduld für Zärtlichkeit fehlt, weiss ich nicht.»

Plötzlich steht Bouba in der Tür.

«Was hast du, Bouba? Warum bist du nicht in der Schule?»

«Unser Lehrer ist abgehauen. Wir haben heute keine Schule, dafür gehen wir in einer Woche mit einem anderen Lehrer in den Zoo.»

Bouba übergibt Lotti einen kleinen Fetzen Papier, auf welchem Datum und Uhrzeit des kommenden Zoobesuches vermerkt sind. Lotti liest ihn.

«Ich werde dir an diesem Tag etwas zu trinken mitgeben für alle deine Kameraden, aber jetzt erzähl, warum sich dein Lehrer aus dem Staub gemacht hat?»

«Man sagt, er habe Geld gestohlen, sich damit ein Handy gekauft und wolle einen fliegenden Telefonstand eröffnen.»

Lotti schmunzelt, schaut mich an: «Das sind die Geschichten Afrikas.» Dann wendet sie sich an Bouba, der offensichtlich noch etwas ganz Dringendes loswerden will. Er senkt seinen Blick, bevor er sagt, dass es seiner Mutter gar nicht gut gehe. Sie esse nicht und trinke nicht und liege nur noch auf dem Boden.

Keine zwei Minuten später sitzen wir, nachdem Lotti den Wartenden erklärt hat, sie sollten am Montag wieder kommen, in ihrem Geländewagen. Bouba weist uns den Weg zu seiner schwangeren Mutter. Wir kommen in etwa dieselbe betonierte Hütte, mit dem in etwa gleichen Durcheinander an Wäsche in einer Ecke und Kochtöpfen in der anderen. Es ist zwar alles chaotisch, aber wie bei der Frau davor ist auch hier sauber geputzt. Kein Sandkorn am Boden.

Assita liegt mit blossem Oberkörper auf einer Matratze, ihr Bauch ist gross, ich sehe, wie sich das Kind bewegt. Lotti sagt zu Assita, im Spital sei kein Platz mehr, sie nehme sie jetzt aber ins Ambulatorium mit, dort werde sie eine Infusion bekommen und könne über Nacht bleiben. Gehe es ihr morgen besser, dürfe sie wieder nach Hause. Wenn nicht, werde sie irgendwie versuchen, ihr doch ein Bett im Spital zu organisieren. Dann wendet sich Lotti an Bouba: «Und du schläfst auch gleich dort, nimm deine Schultasche mit.» Bouba strahlt übers ganze Gesicht, packt seine Siebensachen und hilft dann seiner Mutter, einen Rock zu finden. Fünfzehn Minuten später hängt Assita im Ambulatorium an einer Kochsalzlösung und schläft.

Inzwischen ist es sechs Uhr geworden, Lotti meint, sie müsse jetzt ins Sterbespital und wenn ich sie begleiten wolle, würde sie mit mir sogar zu Fuss gehen. Also machen wir uns auf den Weg, und zum ersten Mal höre ich aus Kindermund nicht nur: «Lotti! Lotti! Lotti!», sondern auch: «La blanche, la blanche, la blanche.» ‹Die Weisse› – das bin ich. «So haben sie mich früher auch genannt, ‹La blanche›», sagt Lotti.

Im Sterbespital angekommen, sehen wir vor der Tür eines dieser gelb-blauen Taxis stehen, die in Abidjan wie Busse verkehren und so günstig sind, dass sich auch die Slumbewohner transportieren lassen können. Lotti geht zu dem Wagen hin, der offensichtlich gerade eben erst angehalten hat und in dem eine junge Frau neben einem älteren Mann auf der Rückbank sitzt. Er erklärt, seiner Tochter gehe es sehr schlecht. Lotti ruft nach YaYa, der dem Vater hilft, die etwa zwanzigjährige, sehr benommene Frau aus dem Auto zu heben und sie auf eines der freien Sofas vor dem Fernseher zu betten. Lotti geht ins Medikamentenzimmer, ruft Felix zu, er solle eine Infusion bereitmachen, nimmt Stethoskop und Blutdruckmessgerät und geht zu ihrer neuen Patientin zurück. Sie fühlt die Temperatur, misst den Blutdruck, zählt den Puls, fragt, wie sie heisse. Die junge Frau gibt keine Antwort. Lotti insistiert: «Wie heisst du?» Der Vater sagt: «Brigitte.» Jetzt öffnet Brigitte den Mund, versucht etwas zu sagen, hat jedoch nicht die Kraft dazu. Inzwischen hat YaYa drei weitere Kindermatratzen zu einer grossen zusammengeschoben, ein Leintuch darüber gespannt und trägt Brigitte vom Sofa auf das «Bett». Felix setzt die Infusion, Lotti geht ins Medikamentenzimmer, um Dr. Gnode anzurufen. Sie gibt ihm Puls und Blutdruck durch, sagt, dass sie denkt, es sei ernst, und fragt, was sie sonst noch tun solle. Er meint, für den Moment habe sie alles richtig gemacht, wenn es der Frau schlechter gehe, solle sie nochmals anrufen, dann käme er vorbei. Lotti hängt auf, atmet tief durch. In ihren Augen sehe ich Tränen und noch etwas: Ich erkenne die Energie, die sie antreibt. Ich erkenne, dass diese nicht aus einem Helfersyndrom entsteht, sondern aus der Rebellion. Lotti, das wird mir schlagartig bewusst, ist nicht hier, um zu helfen, Lotti ist hier, um zu kämpfen. Sie ist hier, weil sie nicht akzeptieren kann, dass man in Afrika nicht stirbt, sondern krepiert. Sie ist hier, weil sie dem Tod seine Würde zurückgeben will. Sie ist hier, weil – aber das wird sie mir erst später sagen – diese junge Frau ihre Tochter sein könnte.

Sie nimmt ihr Buch, in dem sie die Neueintritte einträgt, geht zum Vater, fragt nach Brigittes Alter und erfährt nicht nur, dass sie dreiundzwanzig ist, sondern dass heute ihre Mutter, also seine Frau, gestorben ist und dass sie, seine Tochter, selbst eine dreijährige Tochter hat. Lotti sieht den Mann lange an, sagt, sie werde versuchen, seinem Kind zu helfen, bittet dann um eine Telefonnummer, unter der man ihn erreichen könne. In den Taschen seiner Hose sucht er nach einem kleinen Zettel, auf dem er die Nummer eines Nachbarn notiert hat. Lotti schreibt sie ab, dann verabschiedet sie sich. Der Mann geht zur Tür hinaus, um auf der Hauptstrasse wieder eines jener gelb-blauen Taxis anzuhalten, die wie Busse verkehren und das ihn nach Hause bringen wird.

Lotti geht zu Brigitte, spricht leise mit ihr, streicht ihr über die Stirne, zieht zärtlich die Decke über ihre Arme. Dann besucht sie ihre anderen Kranken, sagt allen gute Nacht, wünscht schöne Träume, zaubert Lächeln auf Gesichter, verspricht, hier noch eine Schlaftablette und dort noch ein Jogurt zu bringen. Ich beobachte das Geschehen durch die Fenster, will Lotti nicht stören. Als sie aus dem letzten Zimmer kommt, wartet YaYa auf sie. Er schaut sie an, sagt ganz leise drei Worte, worauf Lotti ihn bittet, ihr das Stethoskop zu holen. Dann geht sie zu Brigitte, schliesst deren gebrochene Augen und hört mit dem Stethoskop nach der definitiven Stille des Todes. Sie steht auf und sagt: «Ist das nicht eine schreiende Ungerechtigkeit, dass ein dreijähriges Mädchen an ein- und demselben Tag Grossmutter und Mutter verliert?» Dann ruft sie Dr. Gnode an, sagt, er müsse nicht mehr kommen, den Vater will sie erst später anrufen, da er jetzt garantiert noch unterwegs ist. YaYa deckt die Leiche zu und bringt sie – zusammen mit Felix – in die kleine Leichenhalle, die sich hinter der Wand verbirgt, auf der ein offenes Fenster mit einer traumhaft friedlichen Landschaft gemalt ist.

Ich frage Lotti, ob sie wisse, woran Brigitte gestorben sei.

«Genau weiss ich es nicht. Alles, was ich weiss, ist, dass man so schwer Kranke nie und nimmer sitzend transportieren darf. Das ist nicht der erste Tod, der durch falschen Transport ausgelöst wurde. Hätte ich meinen Krankenwagen schon, hätte ich sie holen und liegend transportieren können.»

«Deinen Krankenwagen?»

«Ja, die japanische Botschaft hat uns einen geschenkt. Einen umgebauten Geländewagen. Er steht im Zollgebäude des Flughafens, man weigert sich aber, ihn mir auszuhändigen, ohne dass ich Zoll zahle.»

«Wie viel?»

«Eine Million CFA! Zweitausendfünfhundert Schweizer Franken! Ich spiele dieses Spiel nicht mit. Ich kann doch meine Spendengelder nicht dazu verwenden, um bei der Behörde ein Auto auszulösen. Komm jetzt, wir gehen essen.»

Und so gehen wir essen. Nicht auf den Nachtmarkt, dafür sind wir beide zu müde. Wir gehen zum Kiosk beim Ambulatorium, wo Lotti jeden Morgen frühstückt. Kaum haben wir uns an den Tresen gesetzt, stehen auch schon zwei Gläser Wasser vor uns, wird das Radio abgestellt. Ich frage Lotti, ob ich das Wasser trinken könne. «Das ist trinkbares Leitungswasser, und das ist das Gute hier in diesem Slum, dass das Wasser in Ordnung ist.» Leitungswasser trinken? Hier? Den Tag durch habe ich mich aus der Flasche in Lottis kleinem Kühlschrank bedient, war das gekühltes Leitungswasser? Ich bekomme Bauchschmerzen. Überlege aber, dass dies auch vom Hunger herrühren könnte, und entschliesse mich abermals, mich «an die Empfehlung meiner lokalen, vertrauenswürdigen Kontaktperson zu halten», das Wasser zu trinken und – genau wie sie auch – Spaghetti mit Nierchen für umgerechnet gerade mal fünfzig Rappen die Portion zu bestellen.

Die Spaghetti befinden sich bereits gekocht und abgekühlt in einem grossen Plastikeimer voller Wasser. Sie kommen in eine uralte, zerbeulte Bratpfanne, wo sie, zusammen mit den angebratenen Nieren, über einer Gasflamme erhitzt werden. Das fertige Gericht wird in einem Plastikteller serviert. Lotti empfiehlt mir, noch etwas Essig, der auf der Theke steht, darüber zu träufeln, wünscht mir einen guten Appetit und isst. Auch ich esse, anfänglich noch zaghaft, dann beherzter, die Spaghetti schmecken. Wir reden nicht viel, jede hängt ihren eigenen Gedanken nach. Als wir fertig sind, begleitet mich Lotti ins Ambulatorium, wünscht mir gute Nacht und schöne Träume, lächelt. Sie weiss wohl, was ich ahne. Dass meine Nächte hier von den Bildern des Tages durchwoben sein werden und mich das Erlebte bis in den Schlaf hinein verfolgen wird.

Sonntag, 15. Juni 2003

Schlecht geschlafen, nicht nur der Bilder wegen, die mich immer wieder aus dem Schlaf in eine Wachphase katapultiert haben, sondern auch wegen einer Mücke. Morgens um drei habe ich mich gerächt, habe sie mit Hilfe meiner Flugzeuglektüre an der Wand zerquetscht. Zurück blieb ein hellroter Fleck, den ich nach der Morgendusche abwasche.

Als ich um halb sieben die Treppe hinuntersteige, ist Lotti noch nicht da. Ich setze mich auf die Bank, die vor dem Ambulatorium steht, und warte. Warte auf Lotti, sehe den Slum erwachen, höre die Vögel zwitschern. Nicht ganz so hell und laut wie bei uns. Sie sind leiser, viel leiser und ein paar Tonlagen tiefer. Männer kommen aus ihren Hütten, stehen herum, unterhalten sich. Ein paar beugen sich über geöffnete Motorhauben gelb-blauer Taxis. Eines davon wird über die staubige Strasse angeschoben, ein paar Meter nur, dann zündet der Motor. Der Fahrer wendet, fährt zur Hauptstrasse hoch. Hunde bellen, zwei Hühner tragen einen Kampf aus, junge Enten, die unter dem Dreck gelb sein müssen, schwimmen in einer kleinen Pfütze aus braunem Wasser. Kinder stehen verschlafen herum, schauen zu ihren Vätern auf, zwei erleichtern sich an der nächsten Strassenecke. Frauen kehren den Schmutz vor ihrer Tür, befördern ihn mit Hilfe eines kleinen Handbesens ein paar Meter in die Strasse hinein. Was bleibt, ist frisch gewischter Sand. Der Laden, der hier «Boutique» genannt wird und sich gleich gegenüber dem Ambulatorium befindet, öffnet seine Türen. Eintreten kann man nicht. Der Verkäufer steht hinter einem Gitter, durch das er die Ware hindurchreichen kann. Wo Hunger ist, wird gestohlen. Ich stehe auf, kaufe eine Pet-Flasche voll Wasser. Sie kostet eintausendfünfhundert CFA, so viel, wie die gestrige Patientin für eine sechsköpfige Familie pro Tag zum Essen ausgibt. Trotz schlechten Gewissens trinke ich in grossen Schlucken, als ich Lotti kommen sehe, gehe ich ihr entgegen.

«Guten Morgen!»

«Guten Morgen.»
«Durstig?»
«Sehr. Ich habe aber soeben entdeckt, dass es teuer ist, hier durstig zu sein.»
«Ich habe dir doch gesagt, du kannst das Leitungswasser trinken.»
«Bist du wirklich sicher?»
«Ganz sicher. Wie hast du geschlafen?»
«So, wie du es wohl erwartet hast, nicht gut. Und du?»
«Ich hatte jemanden auf Besuch.»
«Eine Mücke? Ich auch.»
«Keine Mücke, Emanuel.»
«Der kleine, süsse, eifersüchtige Emanuel?»
«Dir ist aufgefallen, dass er eifersüchtig ist?»
«Ja.»
«Emanuel kam im Gefängnis zur Welt und hatte, bis er einjährig war, keinen Kontakt zu anderen Kindern. Seine Mutter heisst Noëlle, es geht ihr schlecht, aber sie ist stark genug, dir ihre Geschichte selbst zu erzählen, wenn sie möchte.»

Wir gehen zum Kiosk. Als wir ankommen, schaltet der Betreiber das Radio aus. Wir bekommen Kaffee und Brot, und ich frage Lotti, warum Christ, der Kleine, die Haare eines alten Mannes habe. Die Antwort ist einfach. Er hat Aids. Ich höre mehr, als ich hören will, höre, dass auch der eifersüchtige Emanuel Aids hat, genau wie Bouba und Yusuf und der kleine Mohamed. Das Pariserbrot schmeckt plötzlich trocken und der Kaffee trotz der vielen Kondensmilch bitter. Lotti schaut mich an:
«Christ hat heute Morgen mit seiner Dreifachtherapie begonnen.»
«Dreifachtherapie?»
«Es ist eine so genannt retrovirale Therapie. Ein sündhaft teurer Medikamentencocktail, der es Aidskranken erlaubt, ein mehr oder weniger normales Leben zu führen. Kinder bis fünfzehn Jahre bekommen die Medikamente gratis. Nicht von mir, ich könnte es mir gar nicht leisten, sondern vom Staat.»
«Und danach?»
«Du meinst, wenn sie fünfzehn geworden sind?»

«Genau.»

«Dann erhalten sie die Medikamente nicht mehr, und da sie sie sich in den allermeisten Fällen – ach, was heisst in den allermeisten –, in gar keinem Fall mehr leisten können, werden sie früher oder später krank.»

«Bouba und Yusuf, die beiden Gewieften, die mir gestern ein Loch in den Bauch gefragt haben, bekommen sie diese Dreifachtherapie?»

«Bouba geht es so gut, dass er sie vorläufig nicht braucht. Yusuf wird sie noch sieben Jahre lang gratis bekommen.»

«Und der eifersüchtige Emanuel?»

«Der Arzt will bei ihm vorläufig noch nicht beginnen. Die Anzahl seiner Helferzellen ist noch zu hoch.»

«Helferzellen, das ist eine Untergruppe der weissen Blutkörperchen, nicht?»

«Genau. Das Aidsvirus tötet diese Zellen ab, was mit der Zeit zu einer Schwächung des Immunsystems führt.»

«Warum wartet man dann, bis die Anzahl der Helferzellen kleiner geworden ist, das ist doch – »

«Je länger man wartet, desto weniger lang muss der Patient die Medikamente einnehmen, die – das darfst du nicht vergessen – viele unangenehme Nebenwirkungen haben.»

«Und Mohamed, bekommt Mohamed die Dreifachtherapie?»

«Nein, erstens ist er zu jung, und zweitens hoffen wir, dass er negativ wird.»

«Wie das?»

«Jedes Neugeborene einer aidspositiven Mutter hat, wenn es zur Welt kommt, HIV-Antikörper von ihr und ist deshalb positiv. Aus unbekannten Gründen ist es aber so, dass diese das Kind nicht unbedingt infizieren müssen. Bis die Antikörper der Mutter abgebaut sind, kann es achtzehn Monate dauern. Wichtig ist, dass die Mutter das Kind nicht stillt, da Aids über die Muttermilch übertragen werden kann. Lotti wurde nicht gestillt, war bei ihrer Geburt positiv und mit achtzehn Monaten negativ.»

«Lotti?»

«Ein heute dreijähriges Mädchen, bei dessen Geburt ich dabei war und das meinen Namen trägt.»

«Und? Wann wird Mohamed achtzehn Monate alt?»
«Bald. Ende August werde ich das Resultat haben. Komm, wir gehen.»

Wir fahren ins Sterbespital, wo um halb acht noch nicht viel Betrieb ist, aber doch schon ein gewisser Lärmpegel herrscht. Christ sitzt auf dem Tisch und weint. Die junge Frau, die neben ihm steht, ist seine Mutter und heisst Chantal.

Chantal ist klein, wirkt ebenso zerbrechlich wie erschöpft und sehr, sehr ruhig. Seit heute Morgen ist sie dafür verantwortlich, dass ihr Sohn jeden Tag das schluckt, was ihn am Leben erhalten kann. Das, was auch sie am Leben erhalten könnte, würde der Staat nicht nur die Kinder, sondern auch deren Mütter retten wollen. Chantal muss ihrem Sohn, das weiss sie, die Medikamente absolut zuverlässig und pünktlich verabreichen.

Lotti zeigt mir den Therapieplan – eine Tortur für Mutter und Kind:
6.30 Uhr: Kind wecken und ihm auf nüchternen Magen eine Tablette Videx geben.
7.00 Uhr: Zehn Milliliter Zerit-Emulsion und eine Tablette Viracept während des Frühstücks.
14.00 Uhr: Eine Tablette Viracept, dazu unbedingt etwas essen.
19.00 Uhr: Zehn Milliliter Zerit während des Abendessens.
22.00 Uhr: Kind wecken, ihm etwas zu essen geben und abermals eine Tablette Viracept.

Lotti schaut auf die Uhr, fragt Chantal, ob sich Christ schon seit sieben Uhr weigert, die Medikamente zu schlucken. Chantal erklärt, nicht die Medikamente seien das Problem, sondern die Banane. Isst Christ nicht, werden die Medikamente nicht richtig resorbiert. Chantal weiss das. Lotti erklärt, Christ könne auch ein Glas Milch trinken, geht in die Küche und holt eines. Aber Christ will jetzt weder essen noch trinken. Muss. Lotti streichelt ihm über seine spärlichen Haare, schaut Chantal an und sagt: «Du schaffst das schon, versuch es weiter.» Nach weiteren fünf Minuten vergeblichen Bemühens ruft Chantal nach Monique, der Krankenschwester, die ich heute zum ersten Mal sehe. «Monique! Christ will die Banane nicht essen, bring eine Spritze.» Und Monique kommt, legt eine Spritze samt aufgesteckter Nadel neben Christ hin. Chantal erklärt: «Entweder du isst jetzt, oder wir müssen dir die Medikamente mit dieser Spritze geben.» Christ nimmt die Banane in den Mund, beisst ab, kaut, beisst nochmals ab, Chantal lobt ihn. Lotti, Monique und ich klatschen Beifall, was Christ dazu veranlasst, nicht mehr zu weinen, sondern die ganze Banane aufzuessen und dann die Medikamente zu schlucken. Es sollte vier weitere Tage dauern, bis seine Mutter nicht mehr nach einer Spritze rufen muss und er sich daran gewöhnt hat, dann zu essen, wenn er gar keinen Appetit hat.

Lotti geht in die Zimmer. Sie begrüsst Noëlle, Emanuels Mutter, die ihren Sohn im Gefängnis zur Welt bringen musste. Als ich die Schmerzen in Noëlles unschuldigem Gesicht bemerke, krampft sich tief in mir etwas zusammen. Lotti fragt, wie die Nacht gewesen sei und ob sie einen schönen Traum gehabt habe. Noëlle nickt nur. Emanuel liegt schlafend an ihrer Seite, seine kleine Hand hat er auf den nackten Arm seiner Mutter gelegt. Noëlle geht es schlecht, sie schafft seit Tagen gerade noch das Wichtigste: zu essen und die drei Schritte von ihrem Bett zum Nachtstuhl. Für den Fall, dass der Durchfall schneller ist als sie, trägt sie Windeln. Noëlle und Emanuel teilen sich ein Bett, und ich begreife, dass Lotti den Kleinen in der Nacht auch zu sich geholt hat, damit seine Mutter ruhiger schlafen konnte.

Es ist heiss in den Zimmern, die Luft stickig. Als wir am nächsten Bett Halt machen, wird Lotti leise gebeten, den Ventilator einzuschalten. Die junge Frau, die den Luftzug spüren will, heisst Aïcha. Als ich am Freitagabend ankam, schlief sie. Ich erinnere mich daran, weil mir ihre jugendliche Zerbrechlichkeit aufgefallen ist. Und ihr trotz der vorstehenden Knochen schönes Gesicht. Ich lächle sie an, sage, dass ich dieses Lied von der dänischen Gruppe Outlandish*, das in Europa die Hitparaden stürmt und ihren Namen trägt, sehr mag. Frage, ob sie es kenne, und singe ihr den Refrain vor: «Aïcha, Aïcha, écoute moi», «Aïcha, Aïcha, hör mir zu». Sie kenne es nicht, sagt sie und lächelt dann verschmitzt: «Aber ich

* Das erwähnte Lied ist ein Remake des algerischen Rai-Stars Cheb Khaled, das aus der Feder des Franzosen J. J. Goldmann stammt.

höre dir gerne zu. Bist du diese Gabriella, von der Lotti erzählt hat?» Ich nicke. «Warum sehe ich dich erst heute, du bist doch schon vorgestern gekommen?» Ich erkläre ihr, dass sie geschlafen habe, als ich angekommen sei und ich gestern keine Zeit gehabt hätte vorbeizuschauen. Keine Zeit? Nicht den Mut, wäre die ehrlichere Antwort gewesen.

Aïcha möchte, dass ich mich zu ihr setze, und ich, ich möchte hinaus. Möchte zu den Kindern, Christ in den Arm nehmen, seine Lebendigkeit spüren. Ich halte es fast nicht aus, hier zu sein, denn in Aïchas Blick sitzt eine Traurigkeit, die ihre wunderbar schwarzen Augen viel zu dunkel färbt. Ich möchte fliehen, nehme mich aber zusammen, knie mich neben sie hin. Schaue sie lange an und erkenne hinter der Dunkelheit ihrer tiefen Traurigkeit ein Leuchten, das dem Krieg, der in ihrem Körper tobt, trotzt. Lotti, die die Szene von der Tür aus beobachtet, nickt mir, bevor sie den Raum verlässt, zu. Macht mir damit Mut, mich zu Aïcha aufs Bett zu setzen und einfach da zu sein. Zum Reden fehlt Aïcha die Kraft und um meinem holprigen Französisch zu folgen, das wird schnell klar, die Ausdauer. Sie liegt, ich sitze, halte ihre Hand, und ab und zu, wenn sie den Schleim aus ihrer Lunge husten muss, reiche ich ihr den Spuckbecher. Auch ihr Mund ist von Pilz befallen.

Aïcha ist neunzehnjährig, und ihre Geschichte, die mir Lotti später erzählt, ist erschütternd. Mit dreizehn lief sie von zu Hause weg, weil sie die Schläge ihres Vaters nicht mehr ertrug. Um essen zu können, prostituierte sie sich, um sich prostituieren zu können, pumpte sie sich mit Drogen voll. Präservative und sterile Nadeln waren kein Thema. Fünf Jahre später bekam sie Durchfall, so schlimm, dass die Freundin, mit der sie wohnte, das gemeinsame Zimmer verliess. Tagelang wartete sie auf deren Rückkehr, wurde schwächer und schwächer. Die Einsamkeit liess sie ihre letzten Kräfte bündeln, trieb sie hinaus vor den Nachtklub, wo sie einst gearbeitet hatte und wo sie sich von ihren Freundinnen und Arbeitskolleginnen und vielleicht auch von dem einen oder anderen ihrer früheren Freier Hilfe erhoffte. Drei Tage später wurde sie von der Hilfsorganisation Caritas aus dem Strassengraben gehoben und zu Lotti gebracht. Lotti hat sie aufgepäppelt, ihre Eltern ausfindig gemacht und ihnen gesagt, Aïcha möchte ihre Mutter sehen, nicht aber den Vater.

Lotti hat Aïcha letzte Woche versprochen, ihr den grössten Wunsch zu erfüllen: den, einmal eine ganze Nacht lang ihre Hand zu halten, damit sie besser schlafen kann. Lotti weiss, dass sie ihr Versprechen bald einlösen muss und dass es gut war, dass die Mutter vor drei Tagen tatsächlich gekommen ist. Sie blieb zwei Stunden. Zwei Stunden, in welchen sie nicht sprechen konnte, da die mütterlichen Tränen die Worte erstickten. Zwei Tage zuvor bekam Aïcha ihren allerersten Besuch, einen weissen, zirka sechzigjährigen Mann. Er trug blaue Schuhe, einen blauen Anzug, ein blaues Hemd und eine blaue Krawatte. Das Blau, sagt Lotti, sei nicht schön, sondern stumpf und verwaschen gewesen. Der Mann stellte sich als Aïchas Freund vor, setzte sich eine halbe Stunde zu ihr hin und verliess sie mit den Worten, er werde bald wieder kommen und ihr ein leuchtend rotes Kleid als Geschenk mitbringen. Er bot Lotti Geld an. «Ich habe es aber nicht angenommen, weil ich das Gefühl hatte, er wolle sich von einer Schuld freikaufen, und so einfach mache ich es ihm nicht.»

Wie Aïcha eingeschlafen ist, gehe ich zu den Kindern, zu Christ und Mohamed, Bouba und Yusuf, die heute schulfrei haben. Als ich Emanuel weinen höre, hole ich ihn aus dem Bett seiner Mutter, die nicht die Kraft hat, ihn zu trösten. Ich nehme ihn auf, fühle, dass er glüht, summe ein Kinderlied, um ihn zu trösten, warte auf Lotti. Sie ist in den Zimmern, um die Kranken zu waschen. Eine Arbeit, die sie gerne macht, für die sie sich aber nur sonntags Zeit nehmen kann. Als sie fertig ist, bringe ich den Kleinen zu ihr, sage, er habe hohes Fieber. Sie nimmt ihn in den Arm, legt ihre Wange an seinen Kopf, nickt und erklärt mir, dass unkontrollierbar hohe Fieberanfälle zum Krankheitsbild von Aids gehören. «Ich gebe ihm ein Fieberzäpfchen und erzähle dir danach, wenn du magst, meine Lebensgeschichte.»

Kurz darauf gehen wir in Lottis Zimmer, setzen uns dort auf ihr Bett, nehmen Emanuel in unsere Mitte, wo er zehn Minuten später, erschöpft vom Fieber und seinem zähen Widerstand gegen das Zäpfchen, einschläft. Ich schalte das Tonband ein.

«Aufgewachsen bin ich in Regensberg, diesem wunderbaren Zürcher Ort auf einem Hügel, der früher ein perfekt funktionierendes Bauerndorf war. Meine Mutter war Hausfrau und Sigristin, was den Vorteil hatte, dass ich mit meinem um ein Jahr jüngeren Bruder Ernst ab und zu helfen durfte, die Kirchenglocken zu läuten. Wir hingen wie die Affen an den Stricken und kreischten vor Vergnügen. Ruth, unsere Schwester, war damals noch zu klein, um mitzumachen.

Ernst und ich haben die Glocken gelegentlich auch läuten lassen, wenn es gar nichts zu läuten gab, hatten überhaupt lauter Blödsinn im Kopf. Haben bei den Nachbarn den Klingelknopf festgeklebt oder ein Portemonnaie auf die Strasse gelegt und es, wenn einer sich danach bückte, mit Hilfe einer Nylonschnur weggezogen. Zur Strafe mussten wir dann Gräber jäten oder den Dorfbrunnen putzen.

Mein Vater wurde trotz unserer Schandtaten Gemeinderat und meine Mutter Abwartin der Regensberger Schule. Wir durften im neuen Schulgebäude wohnen und hatten eine grandiose Aussicht nach Steinmaur und Niederweningen.

Das Schulhaus war klein, es gab einen einzigen Lehrer, der fünfzehn Kinder in sechs Klassen unterrichtete.

Ich hatte eine wunderbare Kindheit, es gab den Pflasterbach bei der Hirsmühle, den wir stauen konnten und einen Wald voll Schlüsselblumen, die ich straussweise pflückte, um sie ins Altersheim zu bringen. Es gab eine Milchhütte, wo Ernst und ich abends die Milch für den Morgen holten, es gab einen Bauern, in dessen Scheune wir uns stundenlang kopfüber ins Heu stürzen durften, und es gab Kirschbäume, die im Frühling in der Farbe der Unschuld bluhten und die uns im Sommer zu kleinen Dieben machten.

Wir Regensberger hatten aber nicht nur eine Kindheit, wie sie Astrid Lindgren in ihren Kinderbüchern beschrieb, sondern wir hatten auch einen Ruf. Und zwar den, allesamt blöd im Kopf zu sein. Der Ruf hallte von Dielsdorf herauf, wo wir nach der Unter- und Mittelstufe in die Oberstufe kamen. Er rührte daher, dass Regensberg ausschliesslich über Strassen und Gehwege verfügte, die mit Pflastersteinen gebaut waren. Das musste unweigerlich dazu führen, dass wir alle dumm waren. Die Erklärung dafür war simpel: Wenn Regensberger Säuglinge und Kleinkinder im Kinderwagen spazieren geführt werden, werden ihre Hirnzellen dermassen durchgerüttelt, dass aus ihnen nichts wirklich Gescheites werden kann. (Ein paar allerdings wurden trotzdem richtige Genies.) Regensberger Kinder wurden in Dielsdorf also oft von Anfang an nicht in die Sekundarschule, geschweige denn ins Gymnasium, sondern in die Realklasse gesteckt. Ausnahmen bestätigten die Regel, ich war eine von denen, die in die Sekundarschule durfte. Allerdings nicht für lange. Ich kam, wie alle anderen Regensberger Kinder, von einem anderen Stern. Ich trug dicke Wollstrümpfe, einen Rock und darüber eine Schürze, war zwölf und ein Kind. Meine Dielsdorfer Schulkolleginnen trugen Hosen und nie eine Schürze, waren zwölf und kleine Fräuleins. Hinzu kam, dass wir Regensberger Dorfkinder nur schon von den vielen Schulzimmern, der unglaublichen Masse der Schüler und Schülerinnen, den vielen Lehrern und wohl auch vom grossen, geteerten Pausenplatz heillos überfordert waren. In der Realklasse fühlte ich mich wohler, auch weil ich dort wieder mit meinen Regensberger Freunden zusammen war und vorerst keine französischen Wörter wie ‹vocabulaire› mehr schreiben musste, das ich spontan zum ‹moccabillet› gemacht hatte.

Die Realschule fiel mir so leicht, dass ich keine Zeit in Hausaufgaben investieren musste, sondern das tun konnte, was ich damals am liebsten tat. Nein, nicht mehr die Stürze ins Heu, sondern die Besuche bei Marielies. Marielies war das dritte von fünf Kindern unseres Dorfpfarrers und nach einer Hirnhautentzündung schwerstbehindert. Ich verbrachte Stunden bei ihr, las ihr vor, streichelte ihr Gesicht. Das hatte ich vollständig vergessen. Erst meine Mutter erinnerte mich wieder daran, als ich hier in Afrika mit meiner Arbeit begann. Sie sagte: ‹Kein Wunder, tust du das, was du tust. Du warst ja schon immer so, musstest immer und überall und ständig irgendjemandem helfen.› Nun, das stimmt, ich hatte aber auch eine andere Seite, ich konnte ganz schön gemein und durchtrieben sein.

Eine Sache tut mir noch heute Leid: Ich war vierzehn, vielleicht auch fünfzehn und lag krank im Bett. Ernst, mein Bruder, kam nach der Schule zu mir, wir redeten, und ich, ich rauchte. Rauchte, krank wie ich war, eine dieser Zigaretten, die mir die Illusion gaben, kein Kind mehr, sondern ein Fräulein zu sein. Und dann hörten wir auf einmal die Treppe knarren. Mir war sofort klar, wer kam: meine Mutter. Flugs – ich wusste nichts Gescheiteres zu tun – steckte ich Ernst die Zigarette zwischen die Finger, und als meine Mutter erstaunt und mit schnuppernder Nase in meinem Zimmer stand, klebte sie ihm eine hinter die Ohren und schimpfte, was für ein schlechter Bruder er sei, neben seiner so kranken Schwester zu rauchen. Und der beste aller Brüder hat mich nicht verpfiffen.

Nach der Schule wollte ich Krankenschwester werden. Damals konnte eine Realschülerin diesen Traum noch träumen. Man musste allerdings nicht wie heute achtzehn, sondern neunzehn sein, und so hatte ich drei Jahre zu überbrücken.

Von sechzehn bis siebzehn machte ich das so genannte ‹Zürcher Sozialjahr›, in dem Mädchen lernten, wie man putzt, kocht und bügelt. So weit, so gut, doch von meinem Traumberuf trennten mich noch immer zwei Jahre. Meine Mutter hatte dann die Idee, ich könnte in diesen zwei Jahren Sprachen lernen.

Also ging ich, es war Frühling, als Aupair nach Genf, zu einer Familie mit drei Kindern, die nicht nur eine riesige Villa, sondern auch ein eigenes Flugzeug und ein Ferienhaus in Saint-Tropez hatte. Und immer, wenn der Mann ein paar Tage freimachen konnte, ging es mit dem eigenen Flugzeug ab nach Südfrankreich. Dort sah ich zum ersten Mal das Meer, roch sein Salz, schmeckte es, lernte Pinien kennen und Oliven essen und erfuhr, dass es ein Lebensgefühl gibt, das man mediterran nennt.

So gut wie die Familie situiert war, so stilvoll war sie. Mir ging es blendend, ich hatte nicht nur ein eigenes Zimmer mit eigenem Bad, sondern auch früh Feierabend und jeden Donnerstag bis zehn Uhr Ausgang. Diesen verbrachte ich, wie alle Deutschschweizer Aupairs, immer im selben Jugendcafé in der Innenstadt. Es dauerte drei Monate, bis sich eines Tages Jimmy Hendrix an meinen Tisch setzte. Nicht mit Absicht, sondern weil es sonst keinen freien Platz mehr gab. Es war Herbst, ich siebzehneinhalb. Es war nicht Liebe auf den ersten Blick und auch nicht Jimmy Hendrix, sondern sein Double. Er hiess Aziz Latrous und sollte die Liebe meines Lebens werden.

Wir redeten miteinander, einfach weil in diesem Café alle mit allen redeten. Ich fand heraus, dass Aziz Latrous – du sagst es übrigens falsch, Gabriella, man spricht das S am Schluss aus, LatrouS – Maschineningenieur studierte, dreiundzwanzig Jahre alt und Tunesier war. Ich wusste allerdings nicht so recht, wo genau Tunesien lag. Sein Studium finanzierte er sich, indem er bei einem Fussballverein, dessen Namen ich vergessen habe, dem Ball hinterherrannte und ihn ab und zu gekonnt ins Tor schoss.

Von da an trafen wir uns mehr oder weniger jeden Donnerstagabend und eines Tages rief er meine Gastfamilie an, um zu fragen, ob er einmal vorbeikommen dürfe, er treffe mich ab und zu, und da sie ja für mich verantwortlich seien, würde er sich gerne bei ihnen vorstellen. Was er dann auch tat. Sie fanden ihn nett und sehr wohl erzogen, hatten nichts an ihm und seinen Haaren auszusetzen und meinten, ich sei gross und alt genug, um selbst zu wissen, was ich tue. Und so stand ich ab sofort jeden Sonntag am Spielfeldrand, feuerte seine Mannschaft an und verliebte mich. Verliebte mich kolossal in diesen Mann. Und er, er verliebte sich in mich. Etwas aber störte ihn an mir. Er sagte: ‹Du bist ein so schönes Mädchen, erinnerst mich mit deinen langen blonden Haaren, deinen hellblauen Augen, deiner Gabe, auf hundert Arten lachen zu können, an einen Engel. Bloss, Engel rauchen nicht.› Ich drückte die Zigarette, die ich in der Hand hielt, aus. Es sollte meine letzte gewesen sein. Entzugserscheinungen hatte ich, verliebt wie ich war, nicht die geringsten.

Aziz löste in mir ein Gefühl aus, das ich bis anhin so noch nie gespürt hatte. Ein Gefühl, von dem ich wusste, dass ich es nie mehr missen möchte. Er war meine erste grosse Liebe, er ist bis heute meine einzige geblieben.

Als das Jahr vorbei war und ich nach Amerika hätte gehen sollen, um auch noch Englisch zu lernen – es war schon alles organisiert, eine Familie in Santa Barbara wartete auf mich –, wusste ich, dass ich bleiben wollte. In der Zwischenzeit war ich achtzehn geworden und in Genf nicht nur sehr verliebt, sondern ebenso verwurzelt. Ich informierte meine Eltern, dass ich bleiben wolle, wo ich war. Sie kannten den Grund dafür noch nicht, hatten nur von ihm gehört, also reisten Aziz und ich nach Regensberg. Für meinen Vater war es der Schock seines Lebens, seine hellhäutige, blonde Tochter Händchen haltend mit einem nordafrikanischen, langhaarigen Muslim zu sehen. Kam dazu, dass er kein Wort von dem verstand, was Aziz sagte. Mein Vater war zutiefst davon überzeugt, dass er ein Heiratsschwindler sei, der nicht seine Tochter, sondern den Schweizer Pass wolle. Meine Mutter, die Französisch konnte, unterhielt sich hingegen prächtig mit Aziz, diskutierte stundenlang mit ihm und erkannte sein Wesen und die Liebe, die er für ihre Tochter empfand. Hätte sie sich nicht mit aller Überzeugungskraft für mich eingesetzt, hätte mich mein Vater mit Gewalt nach Amerika verfrachtet, wozu er wohl ermächtigt gewesen wäre, denn volljährig war man damals erst mit zwanzig.

Ich blieb also in Genf. Dank meiner Gastfamilie fand ich in einem Privatspital eine Stelle als Schwesternhilfe und konnte so das noch verbleibende Jahr überbrücken. Meine Lehre als Krankenschwester hätte ich in Genf absolvieren können.

Mit dem Lohn konnte ich mir ein kleines Studio leisten. Aziz lebte weiterhin, zusammen mit italienischen Gastarbeitern, in einer Baracke. Während der Woche studierte er, an den Wochenenden spielte er Fussball, und in den Nächten arbeitete er an einer Tankstelle. Und ich, mit meiner neu gewonnenen Freiheit, war, wenn ich nicht arbeitete, an seiner Seite. Auch nachts – an der Tankstelle. Wurde ich müde, verzog ich mich zu den aufgestapelten Pneus und schlief. Damals schmerzte jeder Atemzug, den ich nicht in seiner Gegenwart tun konnte.

Und dann, dann kam der Tag, als er mich in seine Arme nahm, mir zärtlich übers Haar strich, mir einen Kuss auf die Stirne hauchte und sagte: ‹Ich muss nach Tunesien zurück.› Ungläubig schaute ich ihn an, suchte in seinen Augen nach dem Witz, der keiner war. Sein Vater war innerhalb von fünf Tagen an einer schweren Lungenentzündung gestorben. Aziz hatte acht jüngere Geschwister, die es nun zu ernähren galt. Seine Familie hatte zwar viel Land mit Trauben und Oliven, aber in Tunesien gibt es ein Gesetz, das besagt, dass nach dem Tod des Mannes kein Land verkauft werden darf, bevor das jüngste der Kinder nicht volljährig ist. Der Kleinste war damals sechs. Aziz' Mutter brauchte Hilfe und Unterstützung.

Ich schaute Aziz an und sagte: ‹Du gehst weg? Spürst du, wie die Erde bebt?› ‹Ja›, sagte er, ‹aber ich kann meine Familie unmöglich im Stich lassen.› Ich verstand, und meine Welt drohte auseinander zu brechen. Ich drückte die aufsteigenden Tränen mit aller Willenskraft zurück und bot Aziz eine Lösung an: ‹Wir machen es so, du gehst nicht, sondern studierst weiter, so hilfst du nicht nur deiner Familie, die später von deinem Lohn profitieren kann, sondern du hilfst auch mir, denn du bleibst da. Und ich, ich verzichte auf meine Lehre und arbeite weiterhin als Schwesternhilfe, kündige mein Studio und nehme im Spital ein Schwesternzimmer. Wir leben noch sparsamer als bis anhin und schicken deiner Familie von meinem Lohn jeden Monat zweihundert Franken.› Zweihundert Franken, das wusste ich, waren in Tunesien damals genug Geld, um eine Grossfamilie über Wasser zu halten. Aziz sagte: ‹Kommt nicht in Frage.› Aber ich setzte mich durch, musste mich durchsetzen, denn für mich gab es nicht eine Million, was sage ich, eine Milliarde Männer auf der Welt, sondern einen einzigen, und den wollte ich partout nicht verlieren. Für ihn muss es ähnlich gewesen sein, denn er gab nach und blieb.

Wir lebten von Jogurt und Sardinen, und ab und zu kam Aziz in mein Zimmer und kochte auf der einen Herdplatte, die ich hatte, Couscous und andere Köstlichkeiten. Aziz ist ein begnadeter Koch. Und dann kam der Moment, in dem ich meine Lehre hätte beginnen sollen, der Moment, in dem ich meine Eltern darüber informieren musste, dass ich diese nicht antreten würde. Mein Vater tobte, meine Mutter setzte sich abermals für mich ein, mein Bruder Ernst auch. Als das ‹Mach, was du willst, und setz deinen Kopf halt durch› meines Vaters kam, entschieden wir uns, möglichst bald zu heiraten. Da ich noch nicht zwanzig war, brauchte ich dafür die schriftliche Erlaubnis meiner Eltern. Mein Vater hatte inzwischen resigniert, richtig akzeptiert hat er Aziz erst sieben Jahre später, nach der Geburt unseres Sohnes Selim. Wir heirateten in der Regensberger Kirche, beim Pfarrer, der mich schon getauft und konfirmiert hatte. Die tunesischen Verwandten sprachen kein Wort Deutsch, viele meiner Verwandten und auch der Pfarrer kein Wort Französisch. Es war eine lustige und sehr farbige Hochzeit. So, das ist sie, die Geschichte meiner Liebe.»

Lotti lächelt, schaut Emanuel an, der im Schlaf wimmert, und streichelt ihm sanft über den Rücken. Es ist heiss im Zimmer. Draussen schlägt die Köchin die Trommel, Essenszeit! Lotti fragt, ob ich hungrig sei. Ich verneine, sage, ich möchte jetzt nicht essen, sondern ihr weiter zuhören. «Kein Problem, ich bin eine, die gerne erzählt, stundenlang erzählen kann.» Stundenlang? Diese Aussicht lässt mich nun doch um eine kurze Pause bitten, ich gehe hinaus, fülle eine leere Pet-Flasche mit Leitungswasser, nehme zwei Gläser aus der Küche mit und setze mich damit wieder auf Lottis Bett. Emanuel hat aufgehört zu wimmern, scheint wieder tief zu schlafen. Was nicht stimmt, denn das Einschenken des Wassers weckt ihn auf. Es geht ihm besser, das Fieber hat nachgelassen.

Nun steht Lotti auf. Bringt den Kleinen nach draussen zu Solange, dem Kindermädchen, das hier Nounou genannt wird. Als Lotti zurückkommt, stellt sie die Klimaanlage ein, setzt sich aufs Bett und wirkt so frisch, dass sie die fünfunddreissig Grad im Schatten Lügen straft. Bevor ich ihr das sagen kann, hat sie schon wieder mit Erzählen begonnen: «Nachdem Aziz fertig studiert hatte, arbeitete er als Hilfsmechaniker, ging putzen, machte Meinungsumfragen. Eine Stelle als Maschineningenieur zu finden, war unmöglich. Ein paar Monate später bekamen wir von seiner Familie die Nachricht, sein Bruder habe die Mechanikerlehre beendet und eine Stelle gefunden, man sei nicht mehr auf unser Geld angewiesen. Von da an sparten wir für uns, kauften einen burgunderroten Renault vier, den Aziz so umbaute, dass wir darin auch schlafen konnten, und machten uns Richtung Afrika auf. Zuerst besuchten wir seine Familie in Tunesien, reisten dann nach Marokko und Algerien, wo wir mit einer Reisegruppe die Wüste durchquerten und dabei immer wieder im Sand stecken blieben. Das tägliche Sandschaufeln kostete ihn in zehn Tagen zehn Kilo. Mich sechs. Wir kamen in Mali an und reisten von dort aus weiter südlich, bis wir an der Elfenbeinküste eintrafen, wo wir uns in Abidjan eine Zeit lang erholen wollten.

Eines Tages lernten wir an einem Kiosk, wir assen Spaghetti mit Nierchen, einen Libanesen kennen, der uns erzählte, er wolle hier eine Spiegelfabrik eröffnen, habe allerdings Mühe, die chinesischen Maschinen, die er bereits gekauft habe, zu installieren. Mein Mann bot ihm seine Hilfe an. Der Libanese war begeistert, einem Maschineningenieur über den Weg gelaufen zu sein, und engagierte ihn sofort, mehr noch, er liess uns in seiner kleinen Villa in Treicheville wohnen, einem Viertel in Abidjan, das damals noch völlig unverbaut war.

Mein Mann montierte die Maschinen, ich haushaltete. Ich ging auf den Markt, kaufte Gemüse, kochte und besorgte den Garten. Inzwischen waren wir schon gut sieben Monate unterwegs.

Als die Spiegelfabrik funktionierte, wollten wir weiterreisen, doch ich bekam schlechte Nachrichten. Bei einem meiner Telefonanrufe nach Hause sagte mein Vater: ‹Hör zu, deine Mutter ist im Krankenhaus. Dort wird abgeklärt, ob sie an Gebärmutterkrebs leidet, wir wissen nicht, wie es herauskommt.›

Für mich war sofort klar, ich will nach Hause. Aziz war einverstanden, und so gingen wir in Abidjan an Bord eines Schweizer Frachtschiffs, das uns nach Casablanca brachte. Als wir zu Hause ankamen, stellte sich heraus, dass meine Mutter keinen Gebärmutterkrebs, sondern ein gutartiges Myom hatte. Ich war sehr erleichtert. Dass ich ‹vergebens› zurückgekommen war, störte mich nicht, ich glaubte damals schon, dass alles so kommt, wie es kommen muss.

Wir bezogen unsere Wohnung in Genf wieder, die wir während unserer Abwesenheit vermietet hatten. Eine Wohnung ohne heisses Wasser und die mit Kohle geheizt werden musste. Danach suchten wir Arbeit. Ich fand sie sofort, besuchte als Hauspflege gebrechliche Menschen, half ihnen im Haushalt und bei ihrer täglichen Hygiene. Da ich keine Ausbildung hatte, durfte ich weder Spritzen setzen noch Verbände machen, aber das war mir egal. Bei Aziz ging es nicht ganz so schnell, er durchforstete die Stellenanzeiger diverser Zeitungen, war wiederum bereit, alles zu tun, stiess dann aber auf das Inserat, das unser Leben verändern sollte. Nestlé suchte Maschineningenieure, die Auslandkarriere machen wollten. Aziz bewarb sich, wurde auf Herz und Nieren geprüft – angestellt.

Seine Karriere begann mit einer achtzehnmonatigen Ausbildung, die ihn von einer Fabrik zur anderen führte. Er begann in Konolfingen, arbeitete dann in Deutschland, Frankreich, und als er seine Sporen verdient hatte, erhielt er seinen ersten Auslandsaufenthalt. In Saudiarabien, Jeddah! Es waren dreieinhalb Jahre Hölle. Willst du wissen, wie es in Jeddah war, oder ist das nicht interessant? Doch? Gut: Es war unglaublich, schon fast pervers. Als Frau hatte ich dort nicht das Recht, mich selbst ans Steuer eines Autos zu setzen, und wenn ich einmal wegfahren musste, durfte ich das nur mit meinem Mann oder unserem Chauffeur. Es gab Wartesäle für Frauen und Wartesäle für Männer, es gab Lifte für Frauen und solche für Männer. Es gab Spielplätze, die am Morgen für Mütter und ihre Kinder und am Nachmittag für Väter und ihre Kinder geöffnet waren. Und tatsächlich gab es viele Väter, die die Spielplätze besuchten. Araber lieben ihre Kinder.

Ich war damals übrigens frisch gebackene Mutter. Vier Monate, bevor wir die Schweiz verliessen, am 16. September 1979, war Selim geboren. In Vevey.

Sechzehn Monate nach Selim, am 12. Januar 1981, kam Sonia zur Welt. In Jeddah. Sie war zwei Monate alt, als ich ein Telefon von meiner Mutter erhielt. Die Verbindung war schlecht, das, was sie zu sagen hatte, schlimm. Drei Tage lang hatte sie vergeblich versucht, mich zu erreichen, konnte erst jetzt sagen, dass mein Vater, er war sechsundfünfzig Jahre alt, an einem Herzschlag gestorben war. Sie fragte, ob sie mit der Beerdigung warten solle, bis ich komme. Ich wollte sofort nach Hause, konnte aber nicht. Meine Ohnmacht als Frau in Jeddah spürte ich nun in ihrer ganzen Härte. Es war mir nicht erlaubt, irgendetwas zu organisieren. Da mein Mann zu diesem Zeitpunkt in Syrien weilte, konnte er mir nicht helfen. Ich bat seinen Vorgesetzten, Paul Albisser, einen Freund von uns, den Flug zu buchen und die Ausreisebewilligung zu beantragen. Ich durfte mich nicht einmal in sein Auto setzen, um ihm dabei zu helfen. Paul teilte mir mit, dass ich ausreisen könne, die Kinder aber hier bleiben müssten. Kinder durften ohne Begleitung des Vaters nicht reisen. Paul und seine Frau Doris erklärten sich dazu bereit, unsere Kinder bei sich aufzunehmen, bis Aziz zurück war, den ich bis dahin noch nicht erreicht hatte. Ich flog noch am selben Tag, erreichte von der Schweiz aus endlich meinen Mann, der mir sofort nachreisen wollte, bat ihn aber, zu den Kindern zu gehen.

Saudiarabien, das sind, abgesehen von ein paar guten Freunden und dem schönen Haus, in dem wir wohnten, nur schlechte Erinnerungen. Nach dreieinhalb Jahren wurden wir versetzt. Dorthin, wo wir eigentlich schon immer gehofft hatten hinzukommen. Nach Schwarzafrika. Nach Nigeria. Wir wohnten fünfzig Kilometer von Lagos entfernt, in einem so genannten Camp. Es gab einen Swimmingpool, Tennisplätze, sogar eine Sauna. Einfach alles, was man sich vorstellen kann. Aber keine Schule. Und als Selim vier Jahre alt wurde und zur Schule sollte, mussten wir jeden Tag nach Lagos und zurück reisen. Fünfmal die Woche hundert

Kilometer pro Tag. Damals war ich froh, nicht selbst fahren zu müssen, sondern einen Chauffeur zu haben.

Es gab eine andere Familie in unserem Camp. Anfänglich dachte ich, wir könnten uns abwechseln, doch meine Nachbarin meinte, es käme ihr nicht im Traum in den Sinn mitzufahren, dafür habe sie schliesslich ein Kindermädchen. Ich sagte ihr, sie solle sich doch mal vorstellen, es passiere unterwegs etwas. Bestimmt sei das Kindermädchen der Sache nicht gewachsen, es würde vor Angst vielleicht sogar wegrennen, während sich der Fahrer in erster Linie um das Auto kümmern würde. Aber das machte keinen Eindruck auf sie, also nahm ich ihre Kinder ganz einfach auch mit.

Nigeria ist ein unheimliches Land mit sehr viel Gewalt. Unser Weg führte an einem Markt vorbei, auf dem sich an manchen Tagen Scheussliches abspielte. Auf frischer Tat ertappte Diebe wurden Opfer der Selbstjustiz. Sie wurden mit dem Hintern voran in einen Autoreifen geklemmt und – angezündet. Der Reifen hüpfte lange auf und ab, bis er endlich liegen blieb. Entweder, weil der Dieb bewusstlos geworden oder schon tot war.

Den Kindern konnte ich diese grausigen Szenen ersparen, da sie auf dem Hinweg, wir mussten immer schon um halb sechs Uhr losfahren, noch schliefen. Genau wie auf dem Heimweg, wo sie von der Schule erschöpft waren. Eine Fahrt dauerte zweieinhalb Stunden. Die Zeit in Lagos nutzte ich erst, um Englisch zu lernen oder ins Fitnessstudio zu gehen, später begann ich in einem Waisenhaus zu helfen. Damit hörte ich allerdings auf, als Sarah am 30. Mai 1989 zur Welt kam. Von diesem Zeitpunkt an durfte ich, zusammen mit Sarah, die ich jeden Tag mitnahm, im Haus einer Lehrerin auf den Schulschluss warten. Sarah war ein Wunschkind, alle vier, mein Mann, meine beiden Kinder und ich, wünschten uns ein Baby.

Den Kindern gefiel es in Nigeria, sie sind heute weder von der ewigen Fahrerei noch von der dort herrschenden Gewalt traumatisiert. Im Gegenteil, sie sagen, sie hätten eine traumhafte Jugend gehabt. Das ist zwar ein schönes Kompliment an uns Eltern, es täuscht mich aber nicht darüber hinweg, dass wir unseren Kindern eines nicht bieten konnten: Verwurzelung. Für Selim, Sonia und Sarah ist Heimat weder die Schweiz noch

Tunesien noch Afrika. Heimat, das sind wir, Vater und Mutter, Aziz und ich.

Mein Mann ist ein Mensch, der die Erde liebt. In allen Ländern, in denen wir – dank seines Jobs – in grossen Häusern mit Garten wohnten, pflanzte er Bäume und hielt Tiere. Hasen, Esel, Ziegen und Hühner. Die Wochenenden verbrachten wir mit Ausflügen ins Landesinnere, in den Busch oder an den Strand.

Als Sarah neun Monate alt war, wurden wir nach siebeneinhalb Jahren abermals versetzt. Diesmal nach Ägypten. Wir freuten uns darüber, denn Nigeria war mit seiner Gewalt, den vielen Verbrechen, seiner Mentalität und der herrschenden Korruption kein einfaches Land.

Es folgten fünfeinhalb wunderbare Jahre in Kairo, eine Zeit, die einfach nur schön war. Ich mochte die Ägypter, und weil viele von ihnen weder Französisch noch Englisch sprachen, lernte ich Arabisch. Wir lebten ausserhalb von Kairo, denn in der Hauptstadt zu wohnen, ist schlicht unmöglich. Kairo selbst hat fünfzehn Millionen Einwohner, das muss man sich einmal vorstellen. Tagtäglich kommen drei Millionen dazu, die am Morgen zur Arbeit fahren und abends wieder nach Hause, was zur Folge hat, dass man in Kairo rund um die Uhr im Stau sitzt. Auch morgens um drei.

Wir besichtigten die Pyramiden, reisten durch die Weisse Wüste, schnorchelten im Roten Meer, kauften uns Zelt und Matratzen und kampierten im Landesinnern – es war traumhaft. Das einzig Negative war, dass ich vor lauter Zufriedenheit an Gewicht zulegte. Als ich zwanzig Kilo zu viel mit mir herumschleppte, meldete ich mich bei den Weight Watchers. Die Diät war ein Erfolg, und bevor ich vor lauter Zufriedenheit abermals zunehmen konnte, wurde ich unglücklich.

In Saudiarabien stellte mein Mann Teigwaren her, in Nigeria Maggi-Würfel, in Kairo Jogurt. Von mir aus hätte er sein Leben lang Jogurt machen können – machte er aber nicht. Nach Kairo versetzte man uns nach Abidjan. Ich wollte nicht an die Elfenbeinküste, nicht weil sie mir nicht gefallen hätte, sondern weil ich nicht schon wieder weg wollte. Ich begann darunter zu leiden, immer wieder von neuem ein Loch in die Erde graben zu müssen und uns zu verwurzeln. Ich wollte nicht wieder ausgerissen werden, ich wollte in Kairo bleiben. Nicht für ein weiteres Jahr oder zwei, nein, für immer.

Für viele aussen Stehende sieht ein Leben, wie wir es führten, geradezu fürstlich aus. Immer wieder ein neues Land entdecken, ein schönes Haus mit Garten und Swimmingpool und noch dazu die ganze Hilfe. Man hat ja nicht nur einen Koch zur Verfügung, sondern auch einen Gärtner, einen Chauffeur, einen Hausboy – ein Kindermädchen anzustellen, habe ich mich immer geweigert. Was allerdings vergessen wird, ist, dass dies alles seinen Preis hat: den Preis der Heimatlosigkeit. Für die Männer ist das weniger schlimm, sie kommen von einem Büro ins andere, sind meist vom ersten Moment an integriert und haben ihre Arbeit. Wer leidet, sind die Kinder, die – kaum haben sie Freunde gefunden – sich neue suchen müssen. Und die Frauen, die abermals ein Nest zu bauen haben, damit Mann und Kinder sich wieder zu Hause fühlen können. Ich wollte kein neues Nest bauen, ich wollte das alte behalten. Ich dachte, ich würde sterben, wenn ich nochmals von vorne anfangen müsste, fühlte mich zu alt, um nochmals ausgerissen zu werden. Aziz war davon überzeugt, ich sei noch jung genug, um in Abidjan neue Wurzeln zu schlagen.

Er selbst wäre auch gerne in Kairo geblieben, wusste aber, dass er noch mindestens zweimal versetzt werden würde, im Übrigen bedeutete die Versetzung für ihn einen Karriereschritt, in Abidjan trat er die Stelle als Direktor an. Ja, und dann waren wir an dieser Elfenbeinküste, und ich, ich weinte. Nicht einen Monat, auch nicht drei oder zwölf. Nein, ich weinte zwei volle Jahre und stopfte mich dabei mit Süssigkeiten voll. Ich bekam Depressionen, und mein Asthma, das mich von Kindsbeinen an begleitet hatte, verschlimmerte sich zusehends.

Wir lebten im Residenzviertel, zu weit weg von der Firma, als dass mein Mann über Mittag hätte heimkommen können. Die beiden Älteren waren den ganzen Tag in der Schule, wenigstens kam Sarah über Mittag nach Hause. Ich musste weder kochen noch putzen, aber das Einkaufen der Lebensmittel liess ich mir nicht nehmen. Es war meine einzige Beschäftigung. Auf Tennis und Bridge hatte ich nicht die geringste Lust.

Nach zwei Jahren realisierte ich, dass es so nicht weiterging und ich, statt vor mich hin zu flennen, besser daran täte, endlich ein Loch zu buddeln. Ich trat der internationalen Frauenbewegung der Elfenbeinküste bei und half Ausländerinnen, die neu hierher zogen. Ich erklärte ihnen alles, führte sie umher.

Kurz darauf kam der Tag, der mir die Augen öffnen sollte. Ich war gerade mit meinen Einkäufen nach Hause gekommen, unter anderem hatte ich drei Kilo Ragout, zwei Kilo Karotten, zwei Kilo Zucchetti und zwei Kilo Teigwaren eingekauft, die der Koch zu Hundefutter verarbeiten sollte. Wir hatten zwei Hunde. Einen Labrador und einen, den wir am Strand aufgelesen hatten. Da Trockenfutter importiert wurde und deshalb viel zu teuer war, kamen unsere Hunde in den Genuss eines für sie alle drei Tage neu gekochten Menüs. Ich konnte sie ja schliesslich nicht verhungern lassen, oder? Ich wollte gerade die Einkäufe in die Küche bringen, doch unser Wachmann sagte mir, es stünde ein kleines Mädchen vor der Tür, das mich gerne sprechen würde.

Das kleine Mädchen war vielleicht fünf Jahre alt, steckte in verdreckten Lumpen, hatte Läuse auf dem Kopf, war bis auf die Knochen abgemagert und sagte: ‹Tanti›, so werden Frauen hier oft genannt, ‹Tanti, ich habe Hunger, hast du mir ein kleines Stück Brot.› Da stand ich, kam soeben von meinem Grosseinkauf zurück, hatte wie gesagt drei Kilo Ragout, zwei Kilo Karotten, zwei Kilo Zucchetti und zwei Kilo Teigwaren für unsere Hunde gekauft, und da war dieses Mädchen, das mich um ein Stück Brot bat. Ich sagte, es möge einen Moment warten, ging in die Küche und kam mit einer mit Lebensmitteln gefüllten Tasche zurück.

Dieses Mädchen löste etwas in mir aus, und es kam der Tag, an dem mich die Arbeit mit den neu angekommenen Damen zu langweilen begann und ich mich nach einer sinnvolleren Aufgabe umsah. Die Frau des damaligen Schweizer Botschafters bemerkte dies und fragte mich, ob ich sie mal ins Aidskrankenhaus von Mutter Teresa begleiten wolle, sie verteile dort Medikamente. Ich sagte: ‹Ja.› Und dann – aber das erzähle ich dir morgen, jetzt habe ich nämlich Hunger.»

Ich schalte das Tonbandgerät ab, atme tief durch, kehre ins Jetzt zurück.

Es ist vier Uhr geworden, wir gehen in die Küche, holen uns je zwei Bananen und heisses Wasser für einen Nescafé, setzen uns an einen der vier grossen, mit Fliegen übersäten Tische.

Vor der Küche weint ein Kind. Es steht in einem Wäschezuber aus Plastik und wird von Solange, dem Kindermädchen, regelrecht sauber geschrubbt. Vor lauter Schaum auf seinem Kopf erkenne ich nicht, welches es ist, doch seine Nabelhernie verrät mir sogar auf Distanz, dass es Christ sein muss. Christs Nabel geht nicht nach innen, sondern ist nach aussen gestülpt. Hängt mindestens drei Zentimeter weit über seinen Bauch hinaus. «Das», erklärt mir Lotti, «ist hier oft der Fall, da die Hebammen sehr unzuverlässig arbeiten und die Versorgung des Nabels vernachlässigen.»

Als Solange befindet, Christ sei jetzt sauber genug, trocknet sie ihn ab, übergibt ihn seiner Mutter Chantal, die ihn von oben bis unten einpudert. Endlich wird mir klar, wonach die Kinder hier so angenehm duften: Babypuder! Solange bereitet nun Mohamed auf sein Bad vor. Der weiss schon, was ihm blüht, und protestiert vehement. Erfolglos. Die Nounou wäscht auch ihn. Gründlich. Trocknet ihn ab, pudert ihn so ein, dass er für eine Stunde aussieht, als wäre er weiss. Lotti beobachtet die beiden und erzählt mir, sie habe Solange ursprünglich nur wegen Mohamed angestellt. Mohamed ist Vollwaise, die Mutter starb vor kurzem hier im Spital, der Vater ist unauffindbar. Der einzige Verwandte, sein Onkel mütterlicherseits, hat sich seiner angenommen, aber da er tagsüber arbeitet und selbst weder eine Frau noch Kinder hat, kann er sich nur am Morgen und nach Feierabend um ihn kümmern. Lotti hat ihm angeboten, Mohamed während des Tages ins Espoir d'Eux zu bringen. Dass Mohamed zur Zeit positiv ist, weiss sein Onkel noch nicht. Lotti will es ihm erst sagen, wenn sie in einem Monat den Test gemacht hat, weil sie damit rechnet, dass der Onkel den Kleinen eines Abends nicht mehr abholt. Sie hofft, dass sich das Problem von allein lösen und Mohamed Ende August negativ getestet wird.

Der kranke Emanuel entgeht dem heutigen Baderitual. Er schläft nach afrikanischer Manier auf Arlettes Rücken, was sie nicht daran hindert, auch ihre beiden – natürlich ebenfalls plärrenden – Kinder zu baden.

«Findest du nicht, sie schrubben die Kinder ein bisschen zu fest?»

«Doch, aber es ist, wie es ist. Und etwas Gutes hat die Schrubberei. Die Durchblutung wird angeregt, und so sauber wie unsere Kinder ist so schnell kein anderes.»

«Du willst dich nicht zu sehr einmischen?»
«Nicht allzu sehr, nein. Und wenn, dann nur dort, wo ich auch wirklich etwas bewirken kann.»
«Zum Beispiel?»
«Vor zwei, drei Monaten besuchten uns ein paar Muslime. Sie waren erschüttert von dem, was sie sahen, und fragten, wie sie helfen könnten. Ich erklärte ihnen, indem sie damit aufhörten, die Witwen automatisch mit den Brüdern ihrer verstorbenen Männer zu verheiraten.»
«Moment, langsam, wie ist das?»
«Muslime haben die Tradition, die Frauen ihrer verstorbenen Brüder zu heiraten. Eigentlich eine gute Sache, denn so ist für Frau und Kinder gesorgt, aber – »
«Aber wenn der Bruder an Aids gestorben ist, dann dürfte auch die Frau infiziert sein, die dann wiederum den Bruder – »
«Den vielleicht noch nicht infizierten Bruder ansteckt, genau.»
«Und – was haben sie dazu gemeint?»
«Sie machten mich kurz darauf mit dem obersten Imam der islamischen Moschee in Abidjan bekannt. Wir hatten ein gutes Gespräch, in dessen Verlauf er mir versprach, Aufklärungsarbeit zu leisten und in den Moscheen Plakate aufzuhängen mit dem Aufruf, die Ehe erst nach einem negativ ausgefallenen Aidstest zu vollziehen. Er hat Wort gehalten, die Plakate hängen bereits.»

Lotti lächelt zufrieden, trinkt einen Schluck ihres Kaffees und beobachtet dann, wie das Tor aufgestossen wird und eine weisse, beleibte Frau mit einem afrikanischen Herrn eintritt. «Oh», sagt sie, «kommt sie doch noch.»

«Sie», das ist eine französische Gönnerin, die schon vor einer Woche versprach, heute Morgen frische Croissants zu bringen. Ihr Begleiter könnte für Lotti von grosser Wichtigkeit sein. Er arbeitet nämlich beim Zoll. Lotti nimmt ihn gleich in die Mangel: «Ich warte», klagt sie, «schon seit Wochen auf das von der Zollbehörde zurückbehaltene Krankenauto. Immer wieder fehlt es auch an Medikamenten, weil die Lieferungen nicht freigegeben werden. Wissen Sie, ich bin gerne bereit, einen angemessenen Zoll zu bezahlen, oft aber lässt das Verlangte jeglichen Anstand ver-

missen.» Der Mann verspricht, sich für sie einzusetzen, und lässt sich dann von Lotti durch die Räume führen. Derweil verteilt die Frau die Croissants. Als die beiden das Gelände verlassen haben, meint Lotti: «Ich mache mir nicht die leiseste Hoffnung, dass der Mann etwas ausrichten kann, aber wenigstens habe ich es versucht.»
«Was passiert mit all der Ware, die du nicht auslösen kannst?»
«Da fragst du noch? Sie landet natürlich auf dem Schwarzmarkt! Siehst du, es gäbe kein Problem, wenn ich den Zollbehörden von vornherein ein Zehntel der Ware ‹spenden› würde, aber – »
«Die Rebellin in dir weigert sich, das korrupte Spiel mitzuspielen.»
«Du hast es erfasst. Unerklärlich bleibt mir allerdings, warum die Behörde gelegentlich sogar überhöhten Zoll für die vom Ausland gespendeten Windeln für Erwachsene fordert. Denn die bringen auf dem Schwarzmarkt ja bestimmt nicht viel ein.»

Lotti lacht herzhaft und huscht in ihr Zimmer. Kurz darauf kommt sie mit einer Dose Seifenwasser zurück, drückt sie mir in die Hand und sagt: «Pass mal auf, was passiert, wenn du Seifenblasen machst.» Ich drehe den Deckel auf und puste regenbogenfarbene Seifenbälle in das sanfte Licht der untergehenden Sonne. Zaubere damit – von einer Sekunde auf die andere – helle Freude auf die Gesichter der Kinder, der Mitarbeiter und der Kranken, die sich aufgerafft haben, zum Essen hinauszukommen. Das Vergnügen, das ein Rummelplatz in der Schweiz bei Gross und Klein hervorruft, ist nichts im Vergleich zu der Faszination und Verzückung, die Seifenblasen hier auslösen. Je mehr Blasen in der Luft schweben, umso ausgelassener quietschen die Kinder. Kein Wunder, wacht Emanuel auf. Mit zwei, drei gekonnten Griffen holt ihn Arlette von ihrem Rücken herunter und drückt ihn Lotti in die Arme. Er glüht bereits wieder. Seine Freude am Zauber der in die Luft geblasenen Kugeln spielt sich bei ihm still und leise ab. Sogar sein Lachen ist lautlos.

Als die letzten Blasen in der Luft zerplatzt sind, so wie hier tagtäglich die drei Worte «Hoffnung auf Genesung», füttert Lotti Emanuel mit Ölsardinen und einem Brei aus der in Afrika sehr verbreiteten und nährstoffreichen Wurzel Maniok. Christ sitzt mit seinem Teller auf dem Boden, stopft sich das Essen mit der Hand in den bereits übervollen Mund und kaut mit grösstem Genuss. Danach riecht er nicht mehr nach Babypuder, sondern wie eine in Öl eingelegte Sardine.

Nach dem Essen bekommt Emanuel abermals ein Fieberzäpfchen. Ich wiege ihn auf meinen Armen in den Schlaf und lege ihn dann zu seiner Mutter Noëlle, die auch schläft. Kaum spürt Emanuel ihre Gegenwart, dreht er sich, ohne dabei aufzuwachen, zu ihr hin und sucht mit seiner kleinen Hand ihren nackten Oberarm. Diese kleine Geste der inneren Verbundenheit zwischen Mutter und Sohn hat eine Intensität, die sich in meine Erinnerung einbrennen wird.

Als ich wieder in den Hof komme, schlägt Lotti vor, auf den Nachtmarkt essen zu gehen. An einem der Stände kauft sie – für einen Franken – zwei Portionen Reis und Fisch an einer schmackhaften Sauce und setzt sich zu mir an den klapprigen Restauranttisch. Die Luft ist lau, das Essen gut, das Bier kühl und angenehm herb. Die Menschen um uns herum nehmen keine Notiz von den beiden einzigen weissen Frauen. Lotti gehört hierher wie die Kinder, die unter den Marktständen, in Tücher eingewickelt, schlafen.

«Es ist schön hier.»

«Ja, aber eben, leider raffe ich mich alleine höchstens zum Kiosk und zu Spaghetti mit Nierchen auf.»

«Warum isst du nicht im Espoir d'Eux?»

«Weil ich aufpassen muss, dass mein Leben sich nicht nur in den Höfen meiner beiden Institutionen abspielt.»

«Hast du Freunde hier?»

«Ich habe ein paar wenige Kontakte zu Weissen, investiere aber nicht viel Zeit, um diese zu pflegen. Und meine afrikanischen Freunde hier, das sind alles Mitarbeiter. Mein Kontakt zu ihnen beschränkt sich auf die Arbeit.»

«Keine Vertrauenspersonen? Das tönt nach sehr viel Einsamkeit.»

«Ja, ich fühle mich oft einsam, deshalb geniesse ich es auch so, dass du jetzt da bist. Ich habe aber schon zwei Menschen hier, die ich zwar nur bei der Arbeit sehe, die mir aber wichtig sind: eine Freundin, sie heisst Josiane, und – Monsieur Konaté.»

«Die beiden kenne ich noch nicht, oder?»

«Nein, Josiane arbeitet im Sterbespital als Pflegerin, ist momentan aber arbeitsunfähig, da sie einen Leistenbruch operieren musste. Sie wird in den nächsten Tagen bestimmt vorbeischauen, dann kannst du mit ihr reden. Sie ist erst dreiundzwanzig und viel zu jung dafür, jeden Tag Menschen sterben zu sehen. Deshalb wird sie, wenn das Mütter- und Kinderheim gebaut ist, dort arbeiten.»

«Und Konaté?»

«Monsieur! Konaté.»

«Konaté ist also sein Nachname?»

«Ja, und frag jetzt nicht nach seinem Vornamen, den kenne ich nämlich nicht. Monsieur Konaté ist unsere Nachtwache. Er hat Samstag und Sonntag frei, du wirst ihn morgen Abend kennen lernen. Monsieur Konaté ist meine Vertrauensperson, er ist mein Berater, und er ist mein Freund, der mir ab und zu die ‹Kappe putzt›. Monsieur Konaté ist fünfundvierzig und Analphabet.»

«Erzähl mir mehr von ihm.»

«Ich habe ihn vor einem Jahr kennen gelernt. Er kam in meine Sprechstunde ins Ambulatorium und sagte, seinem Bruder gehe es sehr schlecht. Er führte mich dann zu ihm. Ibrahim, so hiess sein Bruder, war wirklich sehr krank, ich nahm ihn mit, bettete ihn auf eine der Matratzen in den Containern – das Sterbespital befand sich damals erst im Bau – und testete ihn.»

«Positiv?»

«Positiv. Und weil ich den Menschen die Wahrheit sage, eröffnete ich Monsieur Konaté, dass sein Bruder sich im Endstadium von Aids befinde und sterben werde. Ich wisse nicht, wie lange es noch gehe, sein Bruder könne aber im Container bleiben, wenn er das möchte. Monsieur Konaté fragte mich, ob er auch hier bleiben dürfe, bis es so weit sei. Und dann sass er sieben Wochen lang Tag und Nacht an der Seite seines Bruders. Das konnte er, da er keine Arbeit hatte. Er ist nur nach Hause gegangen, um sich zu waschen. Die Abende verbrachte ich oft plaudernd mit ihm und fand heraus, dass er ein ganz spezieller Mensch ist. Mich beeindruckte auch die Art und Weise, wie er seinen Bruder pflegte. Er wusch ihn, wechselte seine Windeln, gab ihm zu essen, war einfach da. Und dann ist Ibrahim gestorben, gerade zu der Zeit, als ich für mein Projekt Espoir d'Eux Personal suchte.»

«Du fragtest Monsieur Konaté, ob er bei dir arbeiten wolle?»

«Ich fragte ihn, ob er sich vorstellen könne, das, was er für seinen Bruder getan hat, auch für Menschen zu leisten, die er nicht kenne. Ob er sich vorstellen könne, auch deren Windeln zu wechseln und die ganze Nacht einfach da zu sein. Da zu sein für schwierige Patienten. Ibrahim, muss man wissen, war sehr genügsam. Ich klärte ihn darüber auf, dass viele Aidspatienten in ihrem unermesslichen Leiden oft schimpfen, sich beschweren und sehr fordernd sein können. Er sagte, er gebe mir die Antwort morgen, er müsse die Frage erst überschlafen. Das bewies mir, wie besonnen er war. Offensichtlich dachte er nicht zuerst an das Geld, das er verdienen konnte.»

«Denn hätte er daran gedacht, hätte er sofort zugesagt?»

«Genau.»

«Und?»

«Und dann kam er am nächsten Tag und sagte: ‹Ich möchte es versuchen, weil ich weiter mit Ihnen arbeiten möchte›.»

«Schön gesagt.»

«Seine Sätze sind immer sehr überlegt. Ich glaube, ich habe ihn noch nie Blödsinn reden hören. Ich offerierte ihm den Job als Nachtwache und denselben Lohn, wie ihn alle bekommen. Ich mache keinen Unterschied zwischen Ausgebildeten und Angelernten, weil die Angelernten oft die schlimmere Arbeit verrichten als die Ausgebildeten.»

«Was verdienen sie?»

«Lumpige hundert Schweizer Franken im Monat.»

«Das sind, lass mich rechnen – »

«Vierzigtausend afrikanische Franc. Der vom Staat vorgeschriebene Mindestlohn ist dreitausend weniger. Wenn sie die Miete bezahlt haben, die zwischen zehn- und zwanzigtausend liegt, dann bleiben ihnen jeden Tag sechshundert bis tausend. Ich schäme mich oft, nicht mehr bezahlen zu können.»

Ich müsste jetzt etwas sagen, aber – was sagt man darauf? Dass das Bier nicht mehr so wunderbar herb schmeckt, wenn man weiss, dass Monsieur

Konaté sich ein solches nicht leisten kann? Wir nutzen das Schweigen zwischen uns, um fertig zu essen. Dann erzählt Lotti nochmals von Monsieur Konaté.

«Monsieur Konaté und seine Vertretung Monsieur Koné leisten Unglaubliches. Du musst wissen, dass die Angst vor der Nacht bei todkranken Menschen sprichwörtlich ist. Hier in Afrika erst recht, denn viele Afrikaner haben grundsätzlich Angst vor der Dunkelheit. Deshalb brennen bei uns die ganze Nacht Petroleumlampen. Jetzt, wo ich im Spital schlafe, höre ich, wie lange sich einzelne Patienten gegen den Schlaf wehren, weil sie meinen, er bringe den Tod. Manchmal sind sie bis weit nach Mitternacht wach, stöhnen vor Schmerzen, rufen nach der Nachtwache, weil die Windeln voll sind, sie sich erbrochen haben, sie etwas essen oder einfach nur reden wollen. Es ist schlimm, wirklich sehr schlimm, vor allem jetzt, wo wir doppelt so viele Patienten wie Betten haben.»

«Und Monsieur Konaté klagt nie?»

«Nie! Wenn sich jemand beklagt, dann ich. Und zwar ausschliesslich bei ihm. Dann, wenn ich morgens um sechs die Nacht mit ihm bespreche, aufschreibe, wem er was verabreicht und wer wie oft Durchfall hatte oder sich erbrechen musste und die Ausweglosigkeit sehe, dann klage ich. Oder wenn die Wirtin des Restaurants, das sich gerade hinter dem einen Frauenzimmer befindet, mir wieder einmal vorwirft, wir vertrieben mit unseren Toten ihre Gäste, oder wenn der Pfarrer der kleinen Kirche gleich gegenüber uns beschuldigt, wir entsorgten unsere Windeln hinter seinem Gotteshaus.»

Jetzt lacht Lotti.

«Die Geschichte mit den Windeln ist köstlich. Es war tatsächlich so, dass sie hinter der Kirche lagen, weil die Kehrichtsäcke – in der Hoffnung auf grosse Beute – wegtransportiert und dann durchwühlt worden waren. Stell dir das Gesicht des Übeltäters vor, als er realisierte, was er sich da unter den Nagel gerissen hatte. Nun, den Krach mit der Kirche hatten wir trotzdem und den mit der Wirtin auch. Monsieur Konaté, der weder schreiben noch lesen kann, ging zu den beiden hin, redete mit ihnen, brachte alles wieder in Ordnung. Und an den Tagen, an denen ich völlig desillusioniert bin, ich alles aufgeben und nach Hause gehen will – »

«Redet er mit dir?»

«Genau, erst sieht er mich lange und mit seinem ganz besonderen Lächeln einfach nur an, dann meint er: ‹Sie wollen alles aufgeben? Ja, und wir? Was, Madame Lotti, wird dann aus uns, bitte? Was aus den tausend Einwohnern von Adjouffou? Sie dürfen nicht gehen! Können gar nicht mehr gehen, Ihre Verantwortung ist zu gross. Nur weil Sie Probleme haben, können Sie uns doch nicht im Stich lassen.› Und dann geht es mir wieder besser. So, und jetzt bin ich müde.»

Auf dem Weg zurück wird «Lotti! Lotti! Lotti!» von einem kleinen Jungen zum Tanz aufgefordert und löst mit ihrem spektakulären Hüftschwung im Umkreis von zehn Metern helle Begeisterung aus. Wir beenden den Tag lachend.

Montag, 16. Juni 2003

Heute weckt mich zum ersten Mal der Muezzin. Vom Minarett der baufälligen Moschee in der Nähe des Sterbespitals ruft er die Gläubigen zum ersten Gebet des Tages. Ich habe einmal gelesen, er singe die Worte: «Erhebet euch, denn das Gebet ist süsser als der Schlaf.» Nun, ich drehe mich noch mal um, fünf Uhr ist mir definitiv etwas zu früh. Aber mit Einschlafen ist nichts mehr. Meine Gedanken kreisen um Noëlle und Emanuel, Chantal und Christ, den kleinen Mohamed, um Aïcha, Maryam und Yusuf.

Um sechs Uhr stehe ich auf, gehe zum ersten Mal allein durch den Slum zum Sterbespital hinunter. «La blanche! La blanche! La blanche!» Kinder sind hier früh wach, einige von ihnen werden vor den Türen der Hütten bereits gebadet, nein geschrubbt wie gestern «unsere» im Spital. Männer und Frauen stehen an den kleinen Pfützen, die vom letzten grossen Regen noch übrig sind und putzen sich die Zähne. Einige von ihnen verfügen über eine Zahnbürste, andere benutzen dazu ihren rechten Zeigefinger. Unter dem grossen Mangobaum, ein paar Schritte vor dem Sterbespital, wird bereits Wäsche zum Trocknen aufgehängt. Es ist die Wäsche des Spitals. Lotti kurbelt die Wirtschaft an. Der Himmel ist auch heute blau – kein Wölkchen. Lotti empfängt mich, als habe sie meine Gedanken erraten, mit den Worten:

«Seit du da bist – kein Regen! Das hast du gut gemacht, dass du die Sonne mitgebracht hast.»

«Magst du den Regen nicht?»

«Doch, aber es gibt Regen und Regen, das wirst du schon noch sehen.»

Lotti dreht sich um, geht ins Medikamentenzimmer. Bevor sie mit Handy und Handtasche zurückkommt, wünsche ich Alphons, der auf seinem Sofa bereits wach ist, einen guten Morgen, frage ihn, wie er geschlafen hat. «Gut, sehr, sehr gut.» Alphons ist zufrieden, er ist einfach zufrieden.

Wir gehen zurück ins Ambulatorium. Bei der Wäscherei unter dem Mangobaum erkundigt sich Lotti, wie viel sie für die Wäsche der letzten Woche schuldig sei. Beim Kiosk wartet bereits das Pariserbrot mit Margarine und Kaffee.

«Ich habe heute Nacht mein Versprechen eingelöst und auf einem Stuhl neben Aïchas Bett geschlafen.»

«Die ganze Nacht? Und wirkst heute Morgen trotzdem nicht müde, sondern wach und energiegeladen. Wie machst du das bloss?»

«Indem ich eine Nacht lang eine eiskalte Hand in meiner wärme.»

«Aïchas Hand? Du meinst, sie hat dich keine Energie gekostet, sie hat dir welche gegeben?»

«Ja, mitten in der Nacht ist sie nämlich aufgewacht. Wir redeten über den Tod, sie sagte mir, sie fürchte sich nicht mehr vor ihm, und erklärte mir auch gleich warum: ‹Ein Leben lang habe ich nur Schläge eingesteckt, aber du hast mich gelehrt, was Liebe bedeutet, jetzt kann ich ruhig sterben.› Verstehst du – »

«Ich verstehe.»

«Maryam, Yusufs Mutter, wird heute noch sterben. Sie hat damit begonnen, ganz flach zu atmen. Solange hat Yusuf zu seinen Grosseltern gebracht. Und jetzt blasen wir nicht weiter Trübsal, sondern beginnen mit der Arbeit. Im Ambulatorium wird heute viel Betrieb sein. Würde es regnen, käme niemand. Die Afrikaner mögen den Regen nicht. Ferner muss ich Fisch holen und mit dir zur Bank gehen.»

Im Ambulatorium herrscht schon emsiger Betrieb. Die Plätze auf der langen Bank vor den Containern sind alle besetzt, Adelaide ist damit beschäftigt, eine Kinderwaage, ein Wickelkissen und verschiedene Utensilien wie Desinfektionsmittel, Fiebermesser und Watte auf die zwei Tische zu stellen, die unter dem Vordach beim Eingang stehen. Lotti geht in ihr Büro. Ich begrüsse Adelaide, die mich einer weissen Frau vorstellt, die heute hier ist, um Müttersprechstunde abzuhalten. Sie erklärt mir, die Beratung finde jeweils montags, dienstags, donnerstags und freitags statt, und sie, sie komme immer am Montag. An den anderen Tagen werde die Aufgabe von Frauen erledigt, die, wie sie selbst, Botschafterfrauen seien. Dann hat sie keine Zeit mehr, Adelaide drängt: «Wir sollten beginnen.»

Ich verziehe mich. Setze mich auf die steile Treppe, um das bunte Treiben in aller Ruhe beobachten zu können. Ein Hof voll Menschen – junge, alte, Männer, Frauen, Babys, Kleinkinder. Alle sauber und schön angezogen, herausgeputzt für ihren Gang ins Centre Espoir. Darüber staune ich umso mehr, da ich weiss, dass heute die so genannten «Cas Sociaux», die Sozialfälle, behandelt werden. Gratis. Mehr noch, sie können heute Teigwaren, Mehl, Reis und Milchpulver mit nach Hause nehmen. Auch das gratis.

Es ist unglaublich, wie in diesem vermeintlichen Chaos von Stimmen und Menschen alles funktioniert. Vor Lottis Büro bildet sich langsam, aber sicher eine geordnete Schlange. Auf der langen Bank vor den Containern sitzen diejenigen, die auf den Arzt warten und denen der Blutdruck gemessen wird. Rund um die beiden Tische unter dem Vordach scharen sich Mütter mit ihren Babys. Warten schwatzend darauf, an die Reihe zu kommen, um ihren Nachwuchs auf Gewicht, Fontanellenschliessung, Fieber und Windeldermatosen untersuchen zu lassen. Alle sind sie davor beim Eingang unter dem Sonnenschirm gestanden und haben sich eine Nummer geben lassen, mit der sie nun darauf warten, an die Reihe zu kommen. Alles wohl organisiert.

Ouattara, der Nachtwächter des Ambulatoriums, hat auch heute wieder – wie eigentlich immer – seinen Sohn Aziz auf dem Arm. Er steht in der Nähe des Sonnenschirms und winkt mich zu sich. «Kennst du Emmanuel, den Ruander, schon?», will er wissen und stellt ihn mir vor. Emmanuel sitzt, von den Wartenden verdeckt, unter dem Sonnenschirm an einem kleinen Tisch, schreibt die Namen derer, denen er eine Nummer aushändigt, in ein riesiges Buch. Vor ihm steht eine Schuhschachtel, in der ein paar zerfledderte Hundertfrancscheine liegen. Ich frage Emmanuel, wie er wisse, wer ein Sozialfall sei und wer keiner. Er erklärt mir, dass alle ein so genanntes Gesundheitsheft hätten und bei den Sozialfällen ganz einfach ein «C» und ein «S» für «Cas Social» auf dem Umschlag stehe. Dann stellt er seinerseits eine Frage. Er möchte wissen, warum ich hier bin. Als er hört, dass ich über Lotti schreiben will, legt er seinen Kugelschreiber nieder und meint, wenn das so sei, würde er gerne seine Geschichte erzählen, ob ich Zeit hätte, ihm zuzuhören. Ich nicke.

«Ich bin ein Tutsi. Bin einer von denen, die beim Völkermord in Ruanda Glück gehabt hatten und fliehen konnten. Ich schaffte es nach Zaire. Fünf Jahre lang lebte ich versteckt in einem Wald, bevor ich mich nach Abidjan durchschlug. Dort habe ich drei Wochen lang vor einer Kirche geschlafen. Hörte dann andere Bettler von einer Weissen sprechen, die in Adjouffou den Armen helfe und Lotti heisse. Ich fragte mich nach ihr durch, erzählte ihr meine Geschichte, und sie wollte wissen, ob ich schreiben könne. Auf mein ‹Ja› stellte sie mich sogleich ein, gab mir saubere Kleider, zu essen und einen Vorschuss. Ein paar Wochen später, als sie spürte, dass ich ein guter Mensch bin, ging sie Tag für Tag auf das Flüchtlingsamt. Wieder und wieder, bis man mich als Flüchtling anerkannte. Lotti setzt sich nicht nur ein, sie setzt sich auch durch! Heute habe ich ein amtliches Dokument und brauche keine Angst mehr zu haben, dass man mich eines Tages ausweist. Ich verdanke Lotti viel. Auch mein Leben. Aber es ist besser, wenn sie dir diese Geschichte selbst erzählt.»

Emmanuel schmunzelt, nimmt seinen Kugelschreiber zur Hand und fährt mit seiner Arbeit fort. Wieder zu Hause, werde ich im Internet das Wort «Ruanda» eingeben und lesen, dass extremistische Hutu beim dortigen Genozid 1994 in dreizehn Wochen eine Million Tutsi und Hutu, die sich nicht an den Massenmorden beteiligten oder Tutsi versteckt hielten, massakrierten.

Afrika – der Kontinent der Völkermorde, der Rebellenkriege, der Seuchen. Aus einer Laune heraus gebe ich auch noch die Worte «Der vergessene Kontinent» ein und komme auf die Homepage der Deutschen Welthungerhilfe (www.welthungerhilfe.de). Ich lese:

«Das internationale Privatkapital macht einen weiten Bogen um den Kontinent. Weniger als ein Prozent der ausländischen Direktinvestitionen fliessen nach Afrika. Die Börsen in Johannesburg und allen anderen afrikanischen Finanzplätzen erreichen, nach Angaben der Internationalen Börsenvereinigung FIBV, zusammen nur 0,2 Prozent des weltweiten Aktienumsatzes.

Die Rahmenbedingungen für die künftige wirtschaftliche Entwicklung verschlechtern sich. Afrika fällt informations- und verkehrstechnisch immer weiter zurück. Nirgendwo gibt es pro Einwohner weniger Telefone,

Computer oder Internetanschlüsse. Südlich der Sahara sind nur fünfzehn Prozent aller Strassen asphaltiert. (Als Vergleich: In Nordafrika, in Lateinamerika oder Südasien ist über die Hälfte der Strassen geteert.)

Afrika ist der einzige Kontinent, auf dem die Zahl der Armen weiter stark ansteigt. Davon betroffen sind vor allem die Länder südlich der Sahara. Dort wütet auch die Immunschwächekrankheit Aids am schlimmsten. Von den weltweit 42 Millionen mit Aids infizierten Menschen leben siebzig Prozent, nämlich 29,4 Millionen, in Schwarzafrika. Die Lebenserwartung der Menschen in einigen Ländern des südlichen Afrika und die wirtschaftlichen Leistungen sind, infolge Aids, binnen zehn Jahren drastisch gesunken. Die Entwicklung des Kontinents wird zusätzlich erschwert durch zahlreiche Kriege und Bürgerkriege, durch Naturkatastrophen und in vielen Ländern durch korrupte und undemokratisch regierende Politiker.»

In Schwarzafrika sterben sechzehn von hundert Kindern, bevor sie fünf Jahre alt sind. Das sind jährlich rund 2,3 Millionen Kleinkinder. Neun von hundert Babys sterben schon bei oder kurz nach der Geburt. Weniger als die Hälfte aller Mütter erhalten Hilfe von einer Hebamme oder einem Arzt. Dementsprechend sterben jedes Jahr über 260 000 Mütter bei der Geburt ihres Kindes. Vor allem in ländlichen Regionen fehlen Geld und ausgebildetes Personal, um einen flächendeckenden Basisgesundheitsdienst zu gewährleisten. Für viele städtische Arme sind die vorhandenen Krankenhäuser unbezahlbar.»

Kalte Fakten, nackte Zahlen. Sie erschüttern. Aber nie so wie das, was mir Adelaide, nachdem ich mich von Emmanuel, dem Ruander, verabschiedet habe, in die Arme drückt: ein vier Wochen altes Baby. Ein Bündel Haut und Knochen. Geburtsgewicht zweitausendfünfhundert Gramm, heute wiegt es tausendsiebenhundert. In dem abgemagerten, kleinen Gesicht scheinen seine Augen – überdimensional gross – nur eines zu fragen: «Was passiert mit mir?» Der Hunger hat es so geschwächt, dass es nicht einmal wimmert. Adelaide schaut die Mutter an, fragt, was sie mit dem Kind mache, und erhält ein Achselzucken als Antwort. «Komm mit», wendet sich Adelaide an die Mutter, und da weder die Mutter noch Adelaide Anstalten machen, das Häufchen Leben aus meinen Armen zu nehmen, schliesse ich mich den beiden an. Fünf Minuten später stehen wir vor dem Zuhause des Babys, und während die Mutter die Babyflasche holen geht, klärt Adelaide mich auf: «Die Mutter hat Aids, deshalb stillt sie das Kind nicht. Milchpulver bekommt sie genügend. Wie sie die Flasche zubereiten muss, habe ich ihr mindestens schon zehnmal gezeigt, aber ...» In diesem Moment kommt die Mutter mit einer halbvollen Babyflasche zurück. Adelaide schüttelt ungläubig den Kopf. «Aber ich habe dir doch gesagt, dass das Fläschchen nach jeder Mahlzeit geleert und ausgekocht werden muss. Wie oft gibst du ihm die Flasche?» «Dreimal pro Tag.» «Du lügst!» Nun mischen sich die Nachbarinnen ein. Lapidar meinen sie: «Es ist ihr Erstes, sie macht irgendwie alles falsch.» «Dann zeigt ihr, wie es geht! Helft!» Adelaide wendet sich wieder an die Mutter: «Ich werde am Nachmittag vorbeischauen, um dir nochmals alles zu erklären. Ich werde morgen kommen und übermorgen. Und die Tage danach auch. Jeden Tag, hörst du? Und jetzt, gib ihm zu trinken.»

Bevor sich Adelaide im Ambulatorium wieder ans Wiegen, Untersuchen und an die Abgabe von Nahrungspaketen macht, erklärt sie: «Stirbt ein Baby, ist das allen völlig egal. Je älter eine verstorbene Person ist, desto grösser ist das Geschrei der Trauer.» Sie schüttelt den Kopf und fragt mich, ob ich ihr, bevor ich abreise, vielleicht meinen schönen, orangefarbenen Kugelschreiber schenken würde.

Ich komme gerade rechtzeitig in Lottis Büro, um zu hören, wie sie Elisabeth lobt, die Frau, die einen Marktstand samt vier Tischen wollte.
«Keine vier Tische mehr, nur noch einen! Gut! Siehst du, jetzt sind die Kosten auf vernünftige fünftausend gesunken. Ich werde dir das Geld geben, und dann unterschreibst du einen Vertrag, in welchem steht, dass du in drei Monaten einen ersten Teil zurückzahlst. Einverstanden?»
«Ja, aber ich möchte das Geld nicht heute, sondern erst in einer Woche, mein Bruder wird mir dann helfen, alles einzukaufen.»
«Gut, komm in einer Woche wieder. Salut, Elisabeth.»

Als Nächstes kommt eine Frau mit zwei kleinen, verängstigt wirkenden Kindern.
«Bonjour, hast du es dir überlegt?»
«Ich kann nicht.»

«Wieso kommst du dann wieder?»
«Weil ich Hilfe brauche.»
«Ich habe dir Hilfe angeboten. Wenn du sie nicht annehmen willst, ist das dein Problem.»

Lotti wendet sich an mich: «Die Frau kommt seit gut zwei Wochen immer wieder vorbei. Sie ist vor dem Krieg geflüchtet und über hundert Kilometer weit gegangen. Sie könnte mit ihren Kindern im Sterbespital wohnen, bis das Espoir Trois gebaut ist.»

An die Frau gewandt: «Warum willst du nicht im Sterbespital wohnen?»
«Ich kann nicht, ich habe Angst, mich anzustecken.»
«Geh wenigstens vorbei, sieh es dir an. Ich werde dir Arlette vorstellen, eine Frau, die auch zwei Kinder hat und – genau wie du – nicht krank ist und doch bei uns wohnt. Rede mit ihr.»
«Ich brauche Geld.»
«Ich gebe dir kein Geld, ich biete dir mehr: ein Dach über dem Kopf und dreimal täglich zu essen. Und jetzt geh, und komm erst wieder, wenn du dich entschieden hast.»

Als Nächstes tritt eine junge Frau in Stöckelschuhen ein. Sie begrüsst Lotti, setzt sich hin, stellt ihre kleine Handtasche auf den Tisch.
«Was kann ich für dich tun?»
«Ich habe einen Test gemacht, letzte Woche, ich würde gerne das Resultat erfahren.»

Lotti fragt nach ihrem Namen, sucht nach dem Testergebnis. Als sie das Blatt gefunden hat, legt sie es zur Seite.
«Du siehst gesund aus, wieso hast du den Test gemacht?»
«Mein Freund hat es verlangt.»
«Warum?»
«Er ist Franzose und als Soldat hier stationiert. Er möchte mich heiraten und mit mir nach Frankreich gehen. Aber ich kann nur ausreisen, wenn in meinem Pass steht, dass ich negativ bin.»
«Ich weiss. Hat dein Freund den Test auch gemacht?»
«Ja.»
«Und?»

«Er ist negativ.»
«Habt ihr immer Kondome benutzt?»
«Immer.»
«Es tut mir Leid, aber du bist positiv.»

Die junge Frau senkt die Augen.

«Ich werde dir helfen, damit zurechtzukommen. Ich werde dir sagen, was du tun musst, damit du weiterhin gut leben kannst. Aber nach Frankreich, nach Frankreich wirst du nie gehen können.»
«Sie könnten mir doch bescheinigen, dass ich negativ bin, oder? Dann könnte ich – »
«Nein, das kann ich nicht.»
«Ich werde ihm einfach sagen, ich sei auch negativ.»
«Damit hast du das Problem nicht gelöst. Im Gegenteil.»
«Ich habe nicht den Mut, ihm die Wahrheit zu sagen.»
«Wenn du möchtest, rede ich mit ihm.»
«Das würden Sie tun?»
«Ja.»
«Er hat am Samstag frei, könnten wir am Samstag kommen?»
«Samstag ist gut, aber nicht am Morgen, da habe ich keine Zeit, kommt, am Nachmittag.»

Dann informiert Lotti sie über die Krankheit, beantwortet geduldig alle Fragen, gibt ihr Sulfonamid-Tabletten mit und verlangt ausdrücklich von ihr wiederzukommen, um neue zu holen oder sich welche in einer Apotheke zu besorgen. Als die junge Frau hinausgegangen ist, sagt Lotti, mehr zu sich selbst als zu mir: «Er wird am Samstag nicht kommen.» Und sollte damit Recht behalten.

Lotti streckt sich, telefoniert ins Sterbespital, um nach Maryam zu fragen, meint dann, heute hätten wir doch keine Zeit, auf die Bank zu gehen und den Fisch zu holen.

«Wir werden jetzt etwas essen und danach Assita, Boubas Mutter, vom Ambulatorium ins Spital bringen. Ich war heute Morgen bei ihr, es geht ihr nicht viel besser. Und dann gehen wir zu Maryam, um sie beim Sterben zu begleiten. Meinst du, du kommst damit klar?»
«Wir werden sehen.»

Auf dem Weg zum Kiosk gibt es viele Soldaten. Der Kioskbetreiber, der sofort das Radio ausschaltet, als er uns kommen sieht, klärt uns darüber auf, dass sie hier seien, um Milizsoldaten für den Kampf gegen die Rebellen anzuwerben. Er habe gehört, die Regierung wolle bis Ende August alle Aufständischen ausgerottet oder vertrieben haben. Mir fällt auf, dass er – obwohl er kerngesund aussieht – nie lacht.

«Er hat auch nicht viel zu lachen. Er kommt aus Burkina Faso und muss jederzeit damit rechnen, ausgewiesen zu werden. Wie alle, die nicht Staatsbürger der Elfenbeinküste sind. Dass die Soldaten heute hier sind, gefällt mir gar nicht. Wir sitzen, ich sage es dir ganz ehrlich, auf einem Pulverfass.»

«Die Freundin des französischen Soldaten tut mir Leid, da hätte sie eine Möglichkeit hinauszu – »

«Hätte sie? Hat sie nicht! Ja, sie tut auch mir Leid.»

«Adelaide hat mir heute ein unterernährtes Baby in die Arme gelegt.»

«Ich weiss, sie hat es mir erzählt.»

«Hast du es gesehen?»

«Das Baby? Ja.»

«Wird es durchkommen?»

«Vielleicht.»

«Adelaide ist eine Seele von einem Menschen. Harte Schale, weicher Kern, nicht?»

«Möchtest du ihre Geschichte hören?»

«Ich möchte viele Geschichten hören, am dringendsten eigentlich deine. So wie du unter der Woche zu arbeiten scheinst, frage ich mich, ob du überhaupt nochmals Zeit für ein längeres Gespräch findest.»

«Geduld. Geduld.»

«Ja, ja. Also, Adelaide – das heisst nein, erzähl mir bitte erst von Emmanuel, dem Ruander.»

«Du hast ihn kennen gelernt? Gut. Er – »

«Das meiste hat er schon selbst erzählt, aber zu schildern, warum er dir sein Leben verdankt, das wollte er dir überlassen.»

Lotti lacht, streicht sich eine Haarsträhne aus dem Gesicht und setzt sich auf dieser klapprigen Bank ohne Lehne etwas bequemer hin.

«Es war vor etwa einem Jahr. Er wurde niedergestochen und von Freunden ins öffentliche Krankenhaus in Treicheville gebracht.»

«Treicheville? In das Viertel, in dem du wohntest, als dein Mann die chinesischen Maschinen für die Spiegelfabrik – »

«Genau dorthin. Es war sein Glück, dass mich seine Freunde, nachdem sie ihn mitten in der Nacht dort abgeliefert hatten, aus dem Bett holten. Ich fand ihn in einem schmutzigen, blutverschmierten und mit Fliegen übersäten Notfallraum. Als er mich sah, schrie er: ‹maman, maman, Looootti, hilf mir.› Er hatte – und deshalb hat er dir die Geschichte wohl auch nicht selbst erzählen wollen – einen sitzen. Und er hatte noch was: dringend Hilfe nötig.»

«Aber die hatte er doch! Schliesslich befand er sich in einem Krankenhaus.»

«Aber er hatte kein Geld! Hier ist es so, dass du gleich beim Eintritt ein Rezept bekommst, auf dem steht, was du brauchst. Nadel und Faden und Desinfektionsmittel und Spritzen und so weiter und so fort. Und dann gehst du in die krankenhauseigene Apotheke und kaufst, was nötig ist. Das heisst, wenn du noch selbst gehen kannst. Kannst du das nicht und hast du niemanden, der das für dich übernimmt, dann nützt dir nicht mal das Geld etwas.»

«Unvorstellbar.»

«Oft ist es so, dass die krankenhauseigene Apotheke das, was du brauchst, nicht vorrätig hat und du in eine öffentliche Apotheke gehen musst.»

«Und wenn du alles beisammen hast?»

«Dann bezahlst du erst einmal für den Arzt und für den Operationsraum oder die Röntgenaufnahmen – ich habe dir doch mal gemailt, dass ein Junge gestorben ist, nur weil sein Vater kein Geld hatte.»

«Ich erinnere mich.»

«Eben, so ist das hier. Die Menschen krepieren in der Notfallaufnahme. Ich hatte umgerechnet hundertfünfzig Schweizer Franken dabei. Diese haben Emmanuel das Leben gerettet. Es stand schlimm um ihn. Das Messer war durch zwei Rippen hindurch so tief in seinen Rücken gerammt worden, dass seine Lunge verletzt war. Das viele Blut, das er verlor, war angereichert mit Sauerstoff. Es warf Blasen. Er stöhnte, sagte immer wieder, er ersticke, bekomme keine Luft mehr. Sie mussten ihn röntgen, aber weil er so sehr blutete, wollte ihn niemand anfassen, also raste ich hinaus zu meinem Wagen, holte Verbandsmaterial, stoppte die Blutung, und dann – endlich! – machten sie vorwärts. Morgens um fünf war ich wieder zu Hause und lief Ouattara, dem Nachtwächter, in die Arme. Er klappte beinahe zusammen, als er mich so von oben bis unten blutverschmiert sah. Er glaubte, ich sei verletzt und würde sterben. Es brauchte einige Überredungskunst, um ihn – in seinem Schock – vom Gegenteil zu überzeugen.»

«Puh.»

«Jaaa, puh! Was wolltest du noch wissen? Ach ja, Adelaide.»

«Genau, Adelaide.»

«Adelaide hatte schon fünf Kinder und war mit Zwillingen schwanger, als ihr Mann starb. Woran er starb, weiss ich nicht, ich weiss bloss, dass es nicht Aids war. Die Zwillinge kamen zu früh zur Welt und waren zu schwach, um an der Brust zu trinken. Wir gaben Adelaide Milchpulver und nahmen sie als Sozialfall auf. Sie kam regelmässig und absolut zuverlässig in die Müttersprechstunde. Damals betreute ich diese noch. Nun musst du wissen, dass es immer wieder Mütter gibt, die kaum Französisch können, und dass die Weissen, die mir hier helfen, kein Djoula sprechen.»

«Djoula?»

«Eine der Landessprachen, die hier oft gesprochen wird. Ich fragte Adelaide, ob sie Djoula könne und ob sie ab und zu übersetzen würde. Von da an kam sie fast jeden Tag und half. Half uns zwei Jahre lang, ohne je auch nur etwas dafür zu verlangen. Keine Ahnung, wovon sie und ihre Kinder lebten. Sie kann übrigens nur lesen, schreiben kann sie nicht.»

«Bist du sicher?»

«Ganz sicher. Warum fragst du?»

«Weil sie mich heute Morgen gebeten hat, ihr meinen Kugelschreiber zu schenken.»

Lotti zieht schmunzelnd ihre Augenbrauen hoch, was ihre blauen Augen noch etwas blauer macht.

«Er ist ja auch so schön orange!»

«Weisst du, wie hoch die Analphabetenrate ist?»
«Sechzig Prozent bei den Frauen, um die fünfzig Prozent bei den Männern.»
«Es kam der Tag, an dem ich mich dazu entschloss, dreimal die Woche Brei zu verteilen. Da mir Adelaide in ihrer Art, mit den Müttern zu reden, auffiel – streng, aber nie böse, ernst, aber nie ohne Humor –, fragte ich sie, ob sie Breimutter werden wolle.»
«Und sie wollte.»
«Und dies – da es ja kein Hundertprozentjob war – zum schäbigen Lohn von fünfzig Franken im Monat. Heute ist sie nicht nur Breimutter, sondern kontrolliert, ob die neu angemeldeten Sozialfälle auch tatsächlich welche sind. Wir wurden da ein paar Mal übers Ohr gehauen.»
«Wie das?»
«Ganz einfach, indem man uns belog. Heute geht das nicht mehr. Adelaide geht bei den Menschen vorbei, schaut, wie sie wohnen. Ob sie eine Glühbirne, einen Kühlschrank, ein Radio oder gar einen Fernseher haben und ob die Hütte betoniert oder aus Holz ist.»
«Wer einen Kühlschrank hat, ist kein Sozialfall?»
«Und wer in einer betonierten Hütte lebt, auch nicht.»
«Ich sah bis jetzt einige betonierte Hütten und fand die ziemlich – »
«Schlimm? Warte auf den Mittwoch, wenn wir Hausbesuche in Vridi Canal machen. Da wirst du sehen, was schlimm ist.»
«Das will ich aber vielleicht gar nicht sehen.»
«Nun, du musst, meine Liebe; deshalb bist du ja gekommen!»

Lotti lacht, bezahlt, packt ihre Tasche, und der Kioskbetreiber schaltet das Radio wieder ein. Kurz darauf bringen wir Assita, Boubas Mutter, vom Ambulatorium ins Spital. Ich mache ihr ein Kompliment, was für ein intelligenter und guter Junge Bouba sei. Assita freut sich darüber, meint: «Ja, das ist er, er ist mein Ein und Alles.» Leider, das ist mir bereits aufgefallen, zeigt sie ihm das nicht im Geringsten. Im Gegenteil, sie ist schroff und oft laut zu ihm. Zärtlichkeit kennt auch sie nicht.

Am Nachmittag ist Hochbetrieb. Wir holen zwei neue Patienten in ihren Betonhütten ab, ohne dass Lotti weiss, wo sie sie noch hinbetten soll. Dazwischen hält sie Sprechstunde ab, telefoniert mit der Firma, die ihr den Fisch spendet, um mitzuteilen, sie könne ihn erst morgen holen, und fährt schliesslich abermals hinunter ins Sterbespital. Auf der Fahrt begegnen wir den drei wegen Lottis Fahrstil arg zerzausten Hühnern. «Lotti! Irgendwann überfährst du sie tatsächlich!» Lotti lacht, freut sich königlich. «Keine Panik, wir Hühner kennen uns schon lange. Wir mögen uns. Und ich versichere dir: So wie ich hier noch nie in einen Unfall geraten bin, so werde ich nie eines dieser Hühner auf dem Gewissen haben, nicht einmal dann, wenn ich ungestillten Appetit auf Hühnerragout verspüren sollte.» Damit beides auch so bleibt, fasst sie sich – in Ermangelung von Holz – an ihren Kopf. Ihr erster Besuch gilt Maryam. Lotti schaut sie lange an, bevor sie mir zuflüstert: «Es wird noch Stunden dauern.» Dann verspricht sie Maryam, bald wiederzukommen, und schaut bei allen anderen Patienten vorbei. Eine halbe Stunde später setzt sie sich auf einem mitgebrachten Stuhl an Maryams Bett.

Maryams Atem geht rasselnd und sehr unregelmässig. Manchmal ist er so schwach, dass er mich an den Flügelschlag eines Schmetterlings erinnert, manchmal so heftig, dass das Bett zittert. Ab und zu stöhnt sie. Nicht laut, nur ganz leise. Ihr Körper ist – unter dem Tuch, das sie bedeckt – kaum mehr auszumachen. Sie scheint immer kleiner, dünner zu werden. Noch zerbrechlicher – falls das überhaupt geht. Die schönen Züge ihres Gesichtes, die mir bei der Ankunft aufgefallen sind, werden langsam zur Maske. Lotti streichelt ihr Haar, berührt ihre Schultern, ihre Arme, flüstert: «Du kannst gehen, es ist gut.» «Du hast genug durchgemacht, jetzt kommt bald die Zeit, wo dich keine Sorgen mehr plagen.» «Ich bin sicher, Gott erwartet dich.» Und: «Wir werden uns um Yusuf kümmern, das verspreche ich dir.»

Die Zeit steht nicht still. Das Treiben vor der Tür hört nicht auf, das Lachen der Kinder auch nicht. Alles geht weiter. Eine junge Mutter liegt im Sterben, und die Welt hört nicht auf, sich zu drehen.

Irgendwann kommt Chantal und legt Christ in das Bett, das sich gleich neben Maryams befindet und das sich – genau wie Noëlle und Emanuel auch – Mutter und Sohn teilen. Christ schläft sofort ein, muss für seine letzte Ration der Dreifachtherapie später allerdings noch einmal aufgeweckt und zum Essen gezwungen werden. Wie Chantal ihn zugedeckt hat, geht sie zu Maryam und Lotti, setzt sich aufs Bett. Ist da, einfach nur da. Als sie geht, um draussen fernzusehen, kommt ein Mann herein, den ich sofort als Monsieur Konaté, die Nachtwache, erkenne. Er ist gross, kräftig und strahlt eine besonnene Ruhe und selbstverständliche Intelligenz aus. Ich stelle mich vor, sage, ich hätte nur Gutes über ihn gehört. Er lächelt. Lächelt genauso besonders, wie es Lotti mir beschrieb. Bevor das Lachen seinen Mund umspielt, sieht man es in seinen Augen. Monsieur Konaté begrüsst Lotti, berührt ganz sachte Maryams Hand, macht dann seine Runde. Als er wiederkommt, um sich zu den beiden hinzusetzen, verabschiede ich mich. Zuerst von Lotti, dann von Monsieur Konaté, schliesslich von Maryam. Berühre ihre Wange und gehe leise hinaus.

Dienstag, 17. Juni 2003

Maryam ist gegen Mitternacht gestorben. Monsieur Konaté war bei ihr. Lotti nicht. Sie war mit Adelaide und deren ältestem Sohn Rodolphe im Krankenhaus. Der Achtzehnjährige wurde auf der Hauptstrasse von einem Auto angefahren. Der Lenker beging – was gang und gäbe ist – Fahrerflucht. Adelaide rief bei der Feuerwehr an, die hier auch Ambulanz ist, doch man sagte ihr, es würden alle schlafen, sie kämen nicht. Also meldete Adelaide sich bei Lotti. Lotti kam.

«Du hättest die Notaufnahme sehen müssen! Blutverschmierte Wände, umherflitzende Ratten und weit und breit kein Mensch.»

«Wieso hast du mich nicht geweckt? Ich wäre gerne mitgekommen.»

«Ich wollte dich doch nicht wecken! Hätte ich dich wecken sollen?»

«Ja – aber erzähl mir einfach, wie es war.»

«Eben, ein paar Ratten und sonst kein Mensch. Weder Personal noch Patienten. Offenbar hat niemand mehr Geld, sich behandeln zu lassen, anders kann ich mir das nicht erklären. Früher, da herrschte dort auch mitten in der Nacht Betrieb.»

«Und – was habt ihr dann gemacht?»

«Einen Arzt gesucht und vier gefunden, schlafend in einem Nebenraum. Ich zeigte ihnen, dass ich Geld hatte, und da ist einer gütigst aufgestanden und hat Rodolphe geröntgt.»

«Und?»

«Saubere Fraktur am Oberarmknochen, gleich unter dem Schultergelenk. Der Arzt hat den armen Rodolphe vom Hals bis unter den Bauchnabel eingegipst. Er hatte zwar Schmerzen, meinte aber, sie seien erträglich. So gegen zwei Uhr waren wir wieder hier.»

«Müde?»

«Nein, solche Dinge machen mich nicht müde. Nicht einmal nach einer durchwachten Nacht an Aïchas Bett. Was mich müde macht, ist, dass wir heute zur Bank müssen. Nicht nur wegen dir, auch ich muss Geld holen.»

So komme ich zum zweiten Mal auf die Hauptstrasse, erlebe Lottis afrikanischen Fahrstil, sehe zum ersten Mal das Meer. Tiefblaues Wasser? Grüne Palmen? Weisser Sandstrand? Das Wasser ist braun, die wenigen Palmen ebenso, und der Strand ist schwarz vor Schmutz.

«Du sagst, es gebe hier keine Zärtlichkeit, weil die Menschen zu wenig Zeit dafür hätten.»

«Ich glaube, ihr ständiger Überlebenskampf lässt sie einfach nicht zur Ruhe kommen.»

«Könnte es auch die Umgebung sein, die Geografie?»

«Du meinst das Klima? Dass es zu heiss ist für Streicheleinheiten?»

«Zum Beispiel. Und dann denk an die Beschaffenheit der Natur. Vor ein paar Tagen noch war ich in der Schweiz, Hügel, Berge, Wasser. Wenn die Sonne aufgeht, scheint sie den Morgen wachzukitzeln, geht sie unter, streichelt sie den Tag zur Nacht. Hier ist nichts davon. Es ist alles flach, die Sonne geht auf, und gleich ist heller Tag. Gut, am Abend ist das Licht etwas weicher, aber sonst? Nichts Liebliches, nichts Weiches, sogar das Meer, schaus dir an, ist grob.»

«Ein paar Bäume hier sind schön anzusehen, die Mangobäume, meine Sonnenschirmbäume und ein paar Blumen auch, aber – du hast Recht – die sind so ziemlich das einzig Liebliche hier. Abgesehen von den Sternen. Hast du dir mal die Sterne angeschaut?»

«Gestern, nachdem ich mich von Maryam verabschiedet hatte, nahm ich den fiebrigen Emanuel noch in die Arme, setzte mich auf die Bank beim Eingang, summte ihn in den Schlaf und betrachtete dabei den Himmel. Ja, die Sterne funkeln hier besonders schön.»

Auf dem Parkplatz vor dem Bankgebäude werden wir von einem Hilfspolizisten in eine Parklücke gelotst, steigen aus, gehen die Treppe hoch, und, kaum sind wir drin, höre ich auch schon ein erfreutes: «Lotti!» Der Mann, der sich Lotti nähert, ist gross und weiss. Er heisst José, ist Franzose und fünfundsechzig Jahre alt. Vor Jahren hatte er einmal finanzielle Sorgen. Er ging in die Kirche und betete um Hilfe. Nach fünf Minuten war er wieder draussen und begegnete einem bettelnden Kind. Er machte rechtsumkehrt. Diesmal betete er nicht darum, es möge eine Million Franc für ihn vom Himmel regnen, sondern bat um Verzeihung für seinen Egoismus. Lotti kennt ihn schon seit Jahren und erhält vom umtriebigen Geschäftsmann nicht nur immer wieder Komplimente für ihr Aussehen, sondern auch kiloweise Zucker und kartonweise T-Shirts. Heute bekommt sie etwas anderes: einen gut gemeinten Tipp. Wie Lotti nämlich sagt, sie habe nicht viel Zeit, mit ihm zu reden, sie müsse vorwärts machen und sich in die Schlange stellen, macht José Augen gross wie Wagenräder: «Du stellst dich doch nicht etwa in die Reihe des Fussvolkes, oder?» Lotti bejaht, worauf er meint, das sei doch Unsinn, sie müsse sich einfach in den ersten Stock begeben und dort ein Konto für Ausländer eröffnen, dann gehe alles viel schneller. Als er sich verabschiedet hat, flüstert mir Lotti zu, sie habe so ein Konto, bei dem es schneller gehe. Es sei das ihres Mannes, von dessen Geld sie sich ernähre und das Benzin zahle, aber für die Spendengelder, die sie von der Schweiz aus verwalten lasse, wolle sie ein «Fussvolk-Konto»: «Manchmal stehe ich zwar drei Stunden an, aber warten kann ganz schön erholsam sein.»

Nachdem wir im ersten Stock meine Euros in so genannte CFA-Francs umgewechselt haben, gehen wir wieder hinunter, und Lotti meint, heute gehe es sicher eine Stunde.

«Warum, da sind doch gar keine Menschen?»

«Siehst du die auf der Schalterfläche deponierten Bankbüchlein? Dort lege ich meines nun auch hin, und dann setzen wir uns für eine Weile auf die Stühle in der Ecke. Ich bin nämlich erst an der Reihe, wenn die Bankbeamtin sich bis zu meinem Büchlein durchgearbeitet hat.»

«Du meinst, es dauert tatsächlich eine volle Stunde? Dann hätten wir ja Zeit für die Fortsetzung deiner Geschichte.»

«Hätten wir, aber brauchst du dafür nicht dein Tonbandgerät?»

«Ich habs dabei.»

«Gut, dann nutzen wir die Stunde doch.»

«Also, du hattest dich endlich damit abgefunden, in Abidjan und nicht mehr in Kairo zu leben. Doch die Arbeit mit den neu angekommenen Damen, die du herumgeführt hast, begann dich zu langweilen, und du suchtest nach etwas anderem.»

«Und genau zu diesem Zeitpunkt fragte mich die Frau des damaligen Schweizer Botschafters, ob ich sie ins Aidskrankenhaus der Mutter

Teresa begleiten wolle, sie verteile dort Medikamente. Und so habe ich gefunden, wonach ich gesucht hatte: eine sinnvolle Aufgabe. Ich ging montags und donnerstags hin, half beim Waschen, lernte Spritzen machen und die Wirkung der Medikamente kennen. Ich wechselte Verbände und setzte Infusionen, wurde langsam, aber sicher doch noch zur Krankenschwester.

Irgendwann realisierte ich, dass zweimal die Woche eine undankbare Kadenz war. Denn in den Betten derer, die ich am Montag pflegte, lagen am Donnerstag bereits andere. Die Menschen starben zu schnell, als dass ich eine Beziehung aufbauen und Trost hätte spenden können. Es war völlig frustrierend. So entschloss ich mich, dreimal die Woche hinzugehen: Montag, Mittwoch und Freitag.

Nach ein paar Wochen war es dann passiert. Ich schaffte den Spagat zwischen Elend, Armut und Tod auf der einen und Aperitif, gedecktem Tisch und vollen Platten auf der anderen Seite immer weniger gut.

Als Direktorenfamilie wohnten wir nicht nur in einem sehr guten Viertel, wir hatten auch noch ein wunderbares Anwesen am Strand mit vier vollklimatisierten Bungalows. Es war wunderschön, das Meer war dort – glaube mir – nicht grob. Die Wellen trugen kleine Schaumkronen, das Wasser war türkisfarben und der regelmässig gewässerte Garten grün. Wir hatten einen so genannten ‹Beach-Boy›, der sich um alles kümmerte. Da er an Weihnachten geboren war, hiess er Noël, ein wunderbarer Mensch, den bald die ganze Familie ins Herz geschlossen hatte und der für mich – aber davon erzähle ich später. Also: Sobald die Kinder am Samstag von der Schule heimkamen, fuhren wir zum Strand und kehrten erst am Sonntagabend zurück.

Und dann kam der erste Samstag, an dem ich dachte: ‹Was faulenze ich eigentlich hier im Liegestuhl – während im Aidskrankenhaus der Mutter Teresa Gilbert oder Elisabeth und all die andern im Sterben liegen?› Es kam der erste Mittag, an dem ich meine kleine Sarah anrief und sie fragte, ob sie heute mit dem Koch essen wolle, ich könne nicht weg, da ich gerade jemanden beim Sterben begleite. Und es kam der erste Abend, an dem ich die Familie bat, mit dem Essen schon mal ohne mich zu beginnen.

Mein Mann und meine Kinder beklagten sich nicht übermässig, ab und zu kam so ein Satz wie: ‹Gestern haben wir wieder einmal ohne dich gegessen›, aber Vorwürfe machten sie mir keine. Mussten sie auch nicht, denn die machte ich mir selbst. Ich hatte enorme Skrupel und Gewissensbisse meinen Liebsten gegenüber. Ich litt. Fühlte mich mehr und mehr zerrissen zwischen den beiden Welten, wusste nicht, dass dies erst der Anfang war.

Sonia, unsere ältere Tochter, sagte später einmal zu mir: ‹Weisst du, Mami, du warst fünfzehn Jahre lang so unglaublich präsent, und Knall auf Fall bist du uns entschlüpft.›

Eines Tages sass ich am Bett von Matthias. Er war Aidspatient und hatte eine Hirnhautentzündung entwickelt. Ich wollte ihm eine Infusion machen, fand aber keine Vene. Am Ende einer Aidskrankheit ist es fast unmöglich, eine solche zu finden, der Körper ist zu ausgetrocknet. Und findet man eine, platzt sie.

Etwas ratlos schaute ich in die Runde und erblickte einen jungen Afrikaner in einem weissen Kittel. Er kam mit einem aufgedunsenen, zerlumpten, alten Mann herein, den er irgendwo aufgelesen hatte. Nachdem er ihn in ein Bett gebracht hatte, ging ich zu ihm, fragte, ob er Arzt sei.

Auf sein Ja hin bat ich ihn, mir zu helfen, die Infusion zu setzen. Er war sehr bescheiden: ‹Ich glaube nicht, dass ich es kann, wenn Sie es nicht können.› Er versuchte es trotzdem. Erfolglos.

Danach stellte er sich vor: ‹Germain Gnode, Assistenzarzt der Neurochirurgie.› Er war zum ersten Mal im Krankenhaus von Mutter Teresa. Ich fragte ihn, ob er das Krankenhaus sehen wolle, und führte ihn herum. Er war tief beeindruckt von unserer Arbeit und geschockt über die Krankheiten, die Aidspatienten entwickeln: Karzinome, Geschwüre, Tuberkulose, Entzündungen – alles. Er fragte nach dem zuständigen Arzt. ‹Wir haben keinen.› ‹Keinen? ›, fragte er, ‹dann werde ich vorbeikommen.› Und Germain kam tatsächlich, und zwar immer an den Tagen, an denen ich arbeitete, montags, mittwochs und freitags.

Eines Tages fragte er mich, ob ich ihn in die Slums begleiten wolle, er arbeite dort für die Hilfsorganisation Caritas und mache – unter einem Mangobaum – kostenlose Konsultationen.

Und so standen wir jeden Mittwoch- und Samstagnachmittag unter dem Mangobaum der Caritas. Die Menschen hier sagen in einer solchen Situation: ‹Mon pied, ton pied.› Und genauso machten wir es: Wir setzten seinen Fuss vor meinen, meinen vor seinen, gingen weiter, immer weiter. Es wurde fast zur Droge, wir ergänzten uns vollkommen. Er lernte meinen Mann kennen, ich seine Frau. Er wurde unser Hausarzt, meine Kinder mochten ihn. Mein Mann sah von Anfang an, was mich zu Germain hinzog. Nicht ein Gefühl des Verliebtseins, davon war ich so weit entfernt wie die Sonne vom Mond, nein, ich hatte ganz einfach jemanden auf meiner Wellenlänge gefunden. Mein Mann hatte nichts dagegen einzuwenden, weil er sah, wie glücklich mich meine Arbeit machte.

Einmal brachte man uns ein Kind, dessen Zähne so von Karies befallen waren, dass ich sie ihm von Hand ausziehen konnte. Sein Gesicht war blaurot vor Vereiterungen, seine Tränen gelb. Germain und ich brachten es sofort ins Krankenhaus. Eine Stunde später, und es hätte wohl nicht überlebt. Ich realisierte, dass Germain, um schnell handeln zu können, zu sehr auf mich angewiesen war: Ich hatte ein Auto, er hatte keines. Konnte sich keines leisten. Da kam mir eine Idee: Weight Watchers. Ich versammelte alle meine dicken Bekannten zu wöchentlichen Treffen. Was auch mir gut tat, denn ich hatte – diesmal aus Unzufriedenheit, nicht mehr in Kairo sein zu können – all meine dort gelassenen Pfunde wieder angesetzt. Wer bei den Treffen Gewicht verloren hatte, wurde gelobt, wer Gewicht zugelegt hatte, musste bezahlen. Pro Kilogramm fünf Schweizer Franken. Es dauerte nicht lange, und Germain hatte sein eigenes Auto.

Etwas später hatte ich einen anderen Einfall: die Eröffnung eines eigenen Ambulatoriums. Germain fand die Idee gut, mein Mann grossartig. Er setzte sich gleich an den Computer und erstellte ein Dossier, das den Namen ‹Centre Espoir› trug. Dieses gab er seinen befreundeten Direktoren der in Abidjan ansässigen Firmen und schickte es auch sonst in die ganze Weltgeschichte hinaus. Nach kurzer Zeit hatten wir das Geld beisammen, ein Stück Land, das uns die Gemeinde offerierte, eben Adjouffou, und einen Architekten, der uns die Pläne umsonst entwarf. Wir machten den ersten Spatenstich. Mein Mann, dessen Firma sich ganz in der Nähe befand, ging dreimal pro Tag auf die Baustelle, um alles zu kontrollieren, Fehler zu korrigieren, den Arbeitern Beine zu machen und bestellte Material, das ausgegangen war. Beton, Farbe und so fort. Er unterstützte mich, weil er gut fand, was ich tat, weil er dahinter stehen konnte.

Und dann kam die Nachricht, auf die wir jahrelang gewartet, um die ich einst geradezu gebettelt hatte: Man holte uns, nach fünf Jahren Elfenbeinküste, zurück nach Kairo. Aber Madame Latrous wollte jetzt nicht mehr nach Kairo. Sie hatte sich in den letzten drei Jahren ein Loch gebuddelt und tiefe Wurzeln in die Erde geschlagen, ausgerissen zu werden, war unvorstellbar. ‹Dafür›, erklärte ich meinem Mann, ‹bin ich nun entschieden zu alt, versetze mich, und ich erhole mich nicht mehr.›

Nun bettelten wir darum, nicht gehen zu müssen, bleiben zu dürfen. Sagten, wir ständen kurz vor der Eröffnung des Ambulatoriums und könnten jetzt unmöglich wegziehen. Doch es half alles nichts. Ein paar Tage nach der Eröffnung des Centre Espoir am 1. Februar 1999 flog mein Mann nach Kairo. Die Kinder und ich blieben. Durften noch bis Juli bleiben, da meine beiden älteren – Selim, der eine Klasse wiederholt hatte, und Sonia – kurz vor der Reifeprüfung standen und diese in Abidjan machen wollten. Sarah war damals zehn. Ich beschloss, in der verbleibenden Zeit aus dem Ambulatorium einen Betrieb zu machen, der später auch ohne mich funktionieren konnte.

Von diesem Moment an gab es ab und zu Spannungen mit den Kindern. So bekam ich beispielsweise Krach mit Selim, weil für ihn alles so selbstverständlich war: mein Auto zu nehmen, Discos zu besuchen, seine Handykosten bezahlt zu wissen, sein Taschengeld zu haben. Dass ich gerade mit ihm nicht zurechtkam, hatte mit Abdoullay zu tun. Ich lernte Abdoullay in meinem Ambulatorium kennen. Ein gut aussehender Junge, der zu mir gebracht wurde, weil man ihm vor Jahren – nach einem Autounfall – beide Beine amputieren musste. Da sie an unterschiedlich hohen Stellen abgenommen worden waren, konnte er nur noch sitzen oder liegen.

Als ich nach Hause kam, murrte Selim wieder einmal, ich käme immer später. Ich versuchte, ihm von Abdoullay zu erzählen. Aber Selim hatte kein Interesse, von einem Jungen zu hören, der den Rest seines Lebens auf dem Boden verbringen musste. Er wollte schon gar nichts davon wissen, wie undankbar er sei, sein Glück so selbstverständlich hinzunehmen.

Er argumentierte so, wie junge Menschen argumentieren: ‹Soll ich mir meine beiden Beine amputieren lassen, damit du Ruhe gibst?› Ich erklärte ihm, ich erwarte nur eines, dass er mich dem Jungen helfen liesse und nicht mehr murre, wenn ich einmal später nach Hause käme. Selim verstand.

Ich schleppte Abdoullay von einem Arzt zum anderen, liess ihn untersuchen und Lösungen offerieren, und endlich kam der Tag, als ich ihm versprechen konnte: ‹Abdoullay, an Weihnachten werden wir beide zusammen tanzen.› Dank zwei Prothesen und seinem eisernen Willen wurde mein Versprechen Wirklichkeit. Wir tanzten. An Heiligabend. Einen Slow.

Sieben Monate später war der Juli da. Er brachte unsere definitive Abreise aus Abidjan, unsere Rückkehr nach Kairo, die für mich keine mehr war. Ich sass – ausgerissen und entwurzelt – in einer riesigen, wunderschönen Wohnung, Selim, Sonia und Sarah trafen sich mit ihren alten Freunden, mein Mann ging ins Büro, und ich, ich starrte die Wände an und weinte. Im August machten wir Familienferien in Tunesien, dort kam ich aus dem Weinen gar nicht mehr heraus. Mein Mann fragte mich: ‹Was ist los?› ‹Ich muss zurück, frag mich nicht wie, aber ich muss zurück.› Ich hatte realisiert, dass ich ohne das Ambulatorium so schnell eingehen würde wie eine Hortensie, der man in sengender Sonne das Wasser entzieht. Nicht das Ambulatorium brauchte mich, ich brauchte das Ambulatorium!

Aziz kontaktierte Nestlé, bat um einen Termin, den man ihm auch gewährte. All seine Chefs versammelten sich in Vevey, um ihn anzuhören. Und Aziz trug sein Anliegen im Wissen darum vor, dass man ihm keinen Schritt entgegenkommen würde. Schliesslich löst so eine Versetzung immer eine ganze Kettenreaktion von weiteren Versetzungen aus. Nun, man hätte schon gekonnt, wenn man wirklich gewollt hätte. Aber – und das mag das Hauptproblem bei der ganzen Sache gewesen sein – man war sich sicher, dass die Frau des Direktors Latrous mit ihren sechsundvierzig Jahren mitten im Klimakterium stecke und es bloss eine Frage der Zeit sei, bis sie sich nicht mehr selbst verwirklichen wolle. Nun, beides stimmte nicht.

Nach dem misslungenen Meeting spielte Aziz mit dem Gedanken zu kündigen, um mit mir und Sarah nach Abidjan zurückzukehern. – Die beiden Älteren hatten beschlossen, in die Schweiz zu gehen, um dort zu studieren. Aber Aziz ist zu sehr Realist, als dass er es dann auch getan hätte. Er nahm mich in die Arme, küsste mein Haar, drückte mich an seine Brust und sagte: ‹In meinem Alter finde ich dort keine Stelle mehr. Und wir brauchen das Geld. Nicht nur für die Kinder, wir brauchen es auch für das Ambulatorium.›

Wir redeten stundenlang, nächtelang, weinten uns die Augen aus. Aziz fragte immer wieder: ‹Was ist passiert, wo habe ich dich verloren?› Ich wusste genau wo. In jenem Moment, wo ich aufgehört hatte, zu Hause vom Elend zu erzählen, das ich jeden Tag zu lindern versuchte, da ich instinktiv spürte, dass ich die Familie damit zu sehr belastete. Nun, jetzt erzählte ich Aziz davon, und er meinte: ‹Es ist, als würde ein Vorhang aufgehen, der mir in den letzten zwei, drei Jahren den Blick auf dein Wesen versperrt hatte.›

Wir schlossen einen Kompromiss. Ich blieb zwei Monate in Kairo, ging für vier Wochen nach Abidjan, kam für zwei Monate nach Kairo, reiste für vier Wochen zurück und so weiter und so fort. In der Theorie ein guter Gedanke, in der Praxis – die Hölle. Und dann erst die horrenden Telefonrechnungen! Was habe ich in dieser Zeit Geld vergeudet, ständig mit dem Ambulatorium telefoniert, um zu fragen, wem es wie geht, und zu erfahren, wer, wann gestorben ist.

Ich liebe meine Familie, liebe sie über alles. Aber – Aziz, Sarah, Sonia und Selim können auch ohne mich leben. Meine Kranken weniger. Sie brauchen jemanden, der für sie einsteht, der Geld für sie beschafft und für sie auf die Blutbank geht. Komme ich, eine Weisse, in einer weissen Schürze, warte ich zwei Stunden und bezahle für einen Beutel Blut zehn Franken. Gehen Chantal oder Noëlle, warten sie fünf Stunden und bezahlen dreimal so viel.

Wir versuchten es anders: einen Monat hier und einen Monat dort. Doch auch bei dieser Variante blieb die Tatsache bestehen, dass ich mich von meinen Kranken trennen musste. Abreisen musste. Zu meiner Familie musste. Ich lebte in einem ständigen Zwiespalt. Fühlte mich gefangen.

Monsieur Konaté liest Lotti manchmal die Leviten.

Emmanuel, der Ruander (im Hintergrund), schreibt die Patienten für die Sprechstunde ein.

Das «Wartezimmer» von Dr. Gnode ist regelmässig überfüllt.

Lotti am Kiosk, sie ist schon vor dem Frühstück voller Energie.

Der Hämatologe Dr. Henri Chenal.

Aufgaben machen im Ambulatorium; Bouba und Rebecca, die an der Glasknochenkrankheit leidet, im Hintergrund zwei ihrer Freunde.

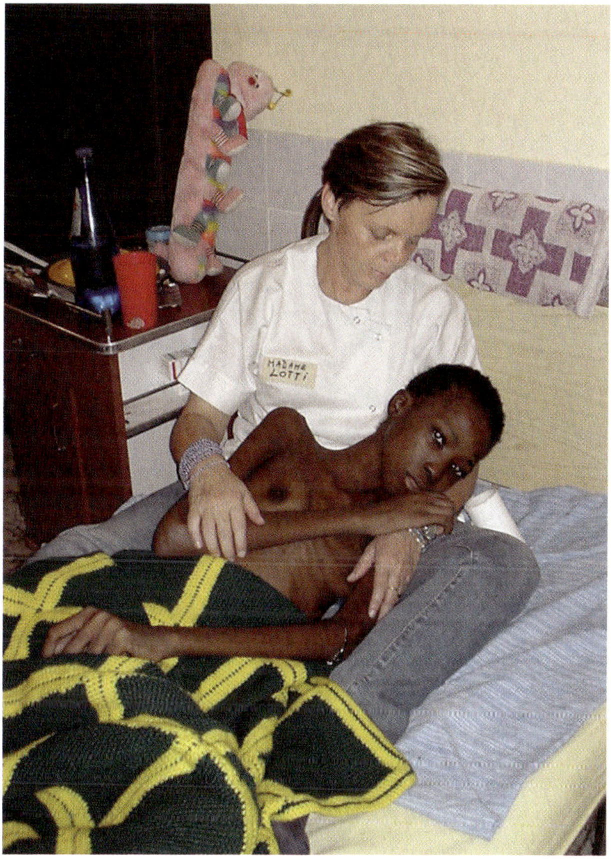

Aïcha und Lotti

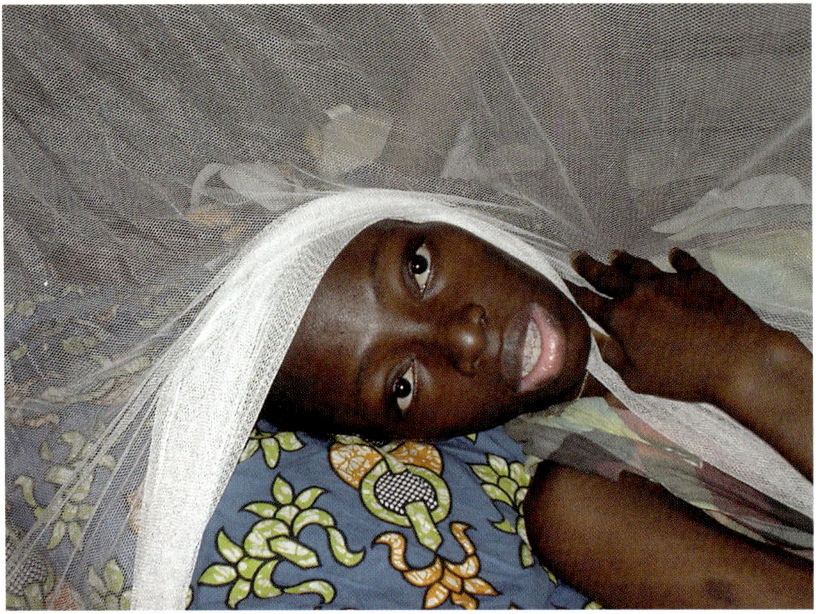
Noëlle

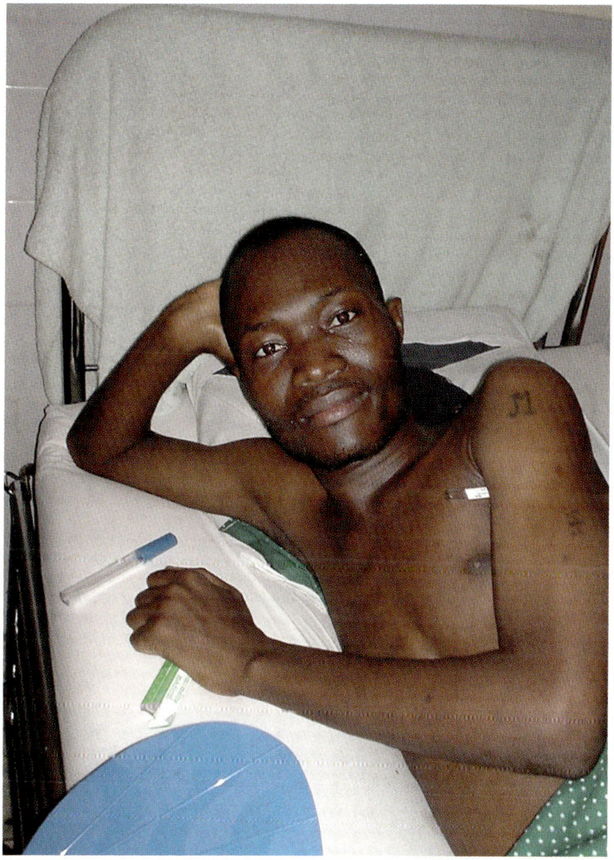
Jean-Marie

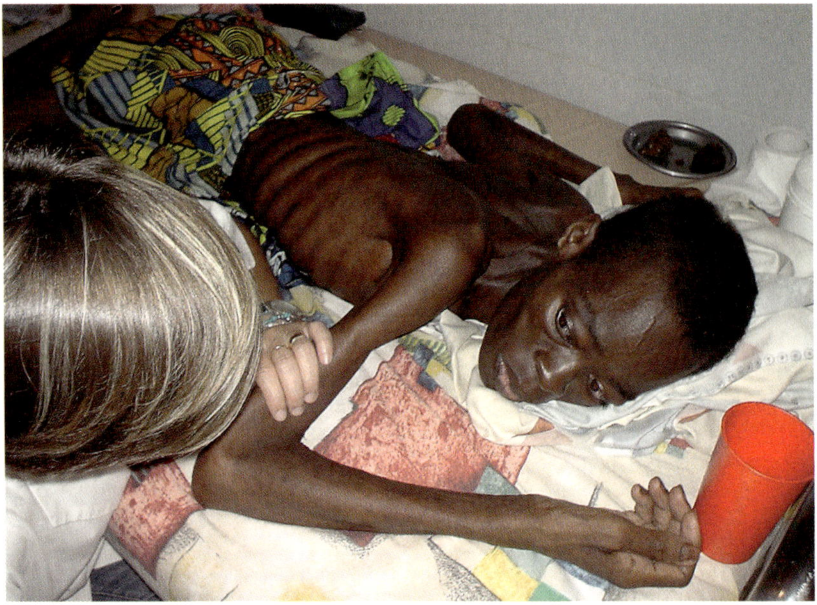

Lea

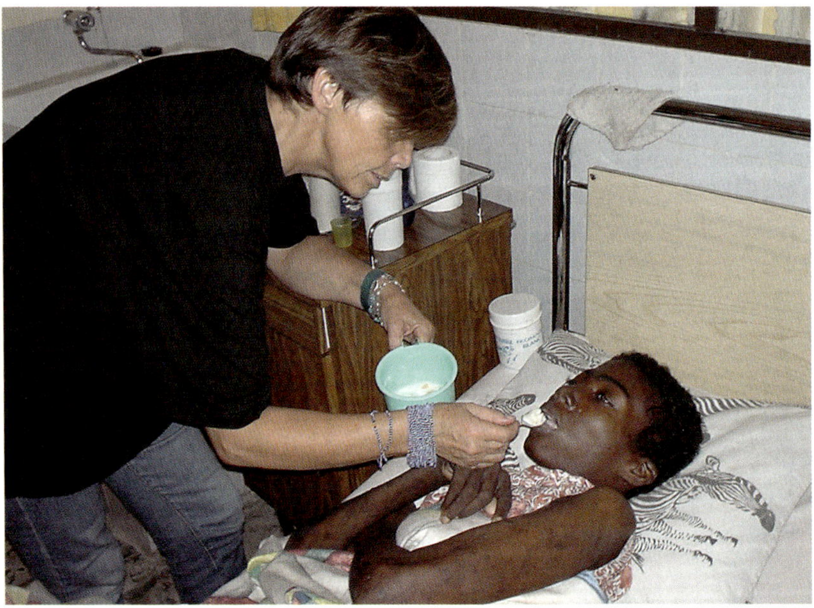

Jeannette geniesst Lottis Aufmerksamkeit.

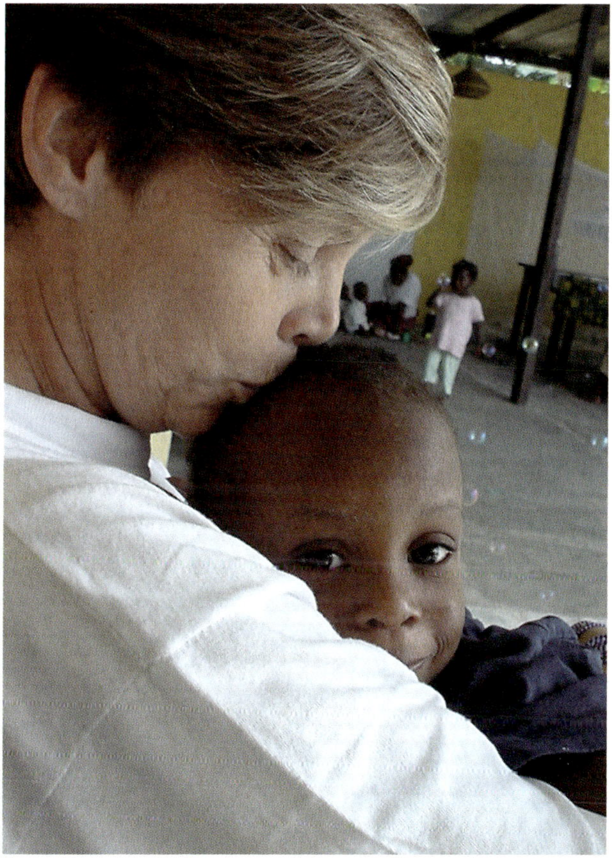

Emanuel bei seiner Lieblingsnounou, die ihn gerne Manu nennt.

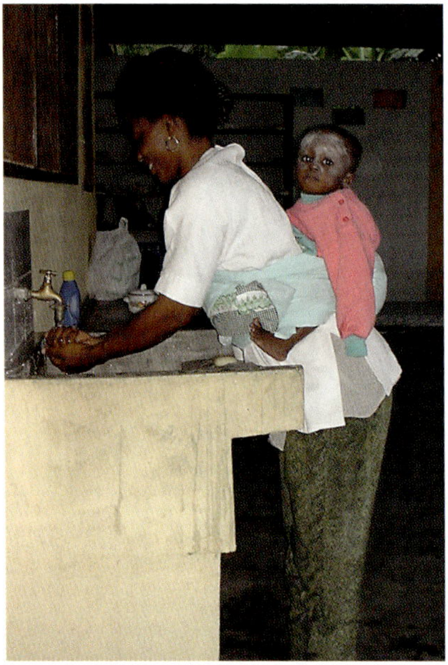

Eine Schwesternhilfe mit dem frisch geschrubbten und weiss gepuderten Mohamed.

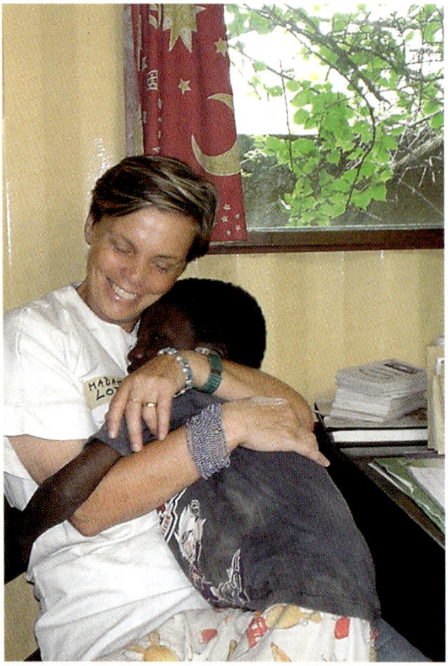

Bouba hat Lotti soeben lachend erzählt, dass sein Lehrer sich aus dem Staub gemacht hat.

Die zu früh geborenen Zwillinge mit ihrer Mutter.

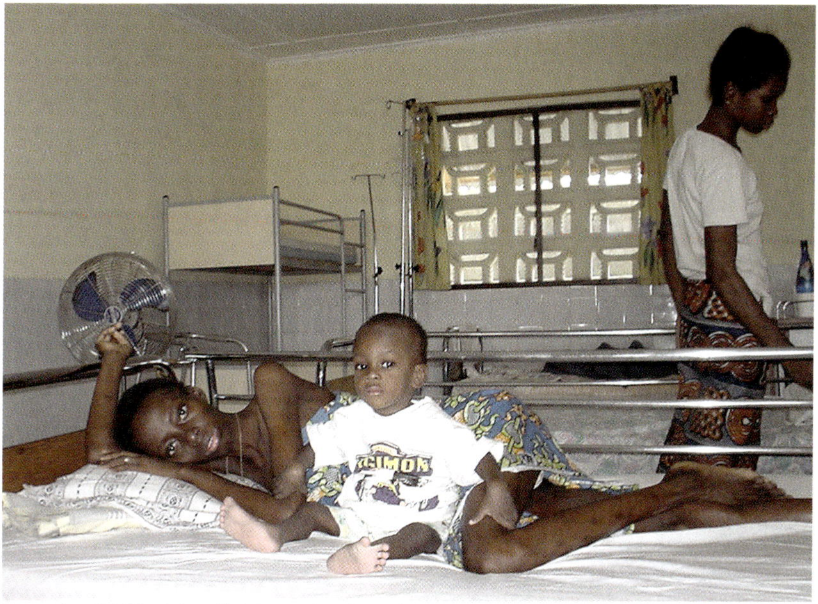

Emanuel und Noëlle: Seine Händchen suchen ihre Wärme.

Lotti mit César, der sie zuverlässig durch das Labyrinth des Slums Vridi Canal führt.

Blick auf Vridi Canal.

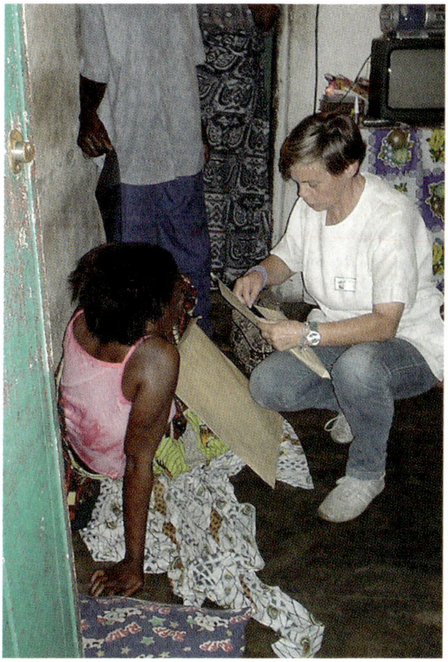

Lotti bei ihrer Visite in Vridi Canal.

Der frei herumflatternde Gockel hat seinen Platz gefunden.

In Vridi Canal trennt nicht nur die überschwemmte Strasse viele Kinder von der Schule.

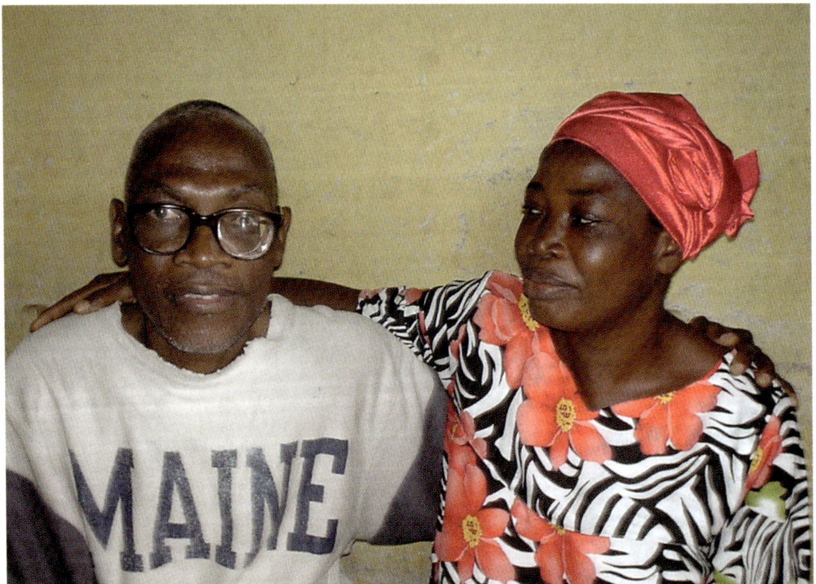

Der Latrinenputzer Grogba und seine Frau Madame Grogba.

Mit stotterndem Motor, kaputter Gangschaltung und zwanzig Stundenkilometern am Militärkonvoi vorbei.

In der Werkstatt beheben Giglio und sein Helfer den Schaden.

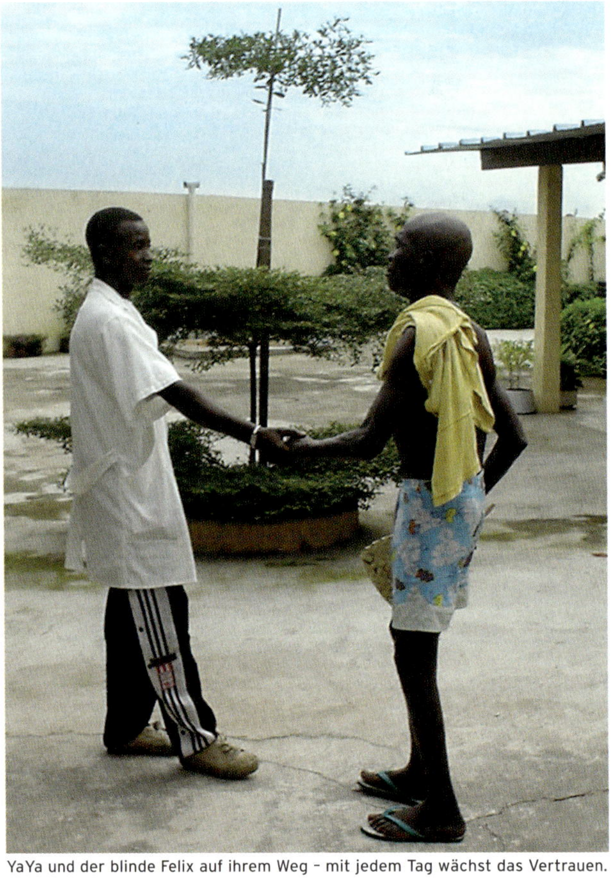

YaYa und der blinde Felix auf ihrem Weg – mit jedem Tag wächst das Vertrauen.

Zerrissen. Hin- und hergeschubst. Meine Gefühle fuhren Achterbahn. Ich half Leidenden und fügte im gleichen Atemzug meinen Liebsten grösstes Leid zu.

Einmal fragte mich Aziz, ob dies der Preis sei, den er dafür bezahlen müsse, dass ich damals seinetwegen auf die Lehre verzichtet hatte, und entschuldigte sich gleich danach für diese Frage, die genau genommen eine nach dem Warum war. Er weiss – ebenso gut wie ich –, dass es keine Antwort gibt. Nur Verständnis. Verständnis dafür, dass die Ehefrau nicht mehr dort leben will, wo ihr Mann. Die Mutter nicht dort, wo ihre Kinder.

Sarah hatte schon sehr früh gelernt, mich mit anderen zu teilen. Für Sarah war ich nie die ständig präsente Mutter. Sarah, wie gesagt ein spätes Wunschkind, brachte von Anfang an am meisten Verständnis auf. Sie – mit ihren so viel älteren Geschwistern – ist, wenn man so will, mit vier Erwachsenen aufgewachsen. Vielleicht hat ihr auch dies die Reife gegeben, mir einmal zu schreiben: ‹Du musst dich nicht sorgen. Papi und ich, wir kommen bestens zurecht. Ich möchte nicht, dass du dir Vorwürfe machst.›

Die Situation wurde von Mal zu Mal unerträglicher. Aziz verlor fünfundzwanzig Kilo, er litt wahnsinnig. Es wäre einfacher für ihn, sagte er einmal, er hätte mich an einen Mann verloren, dann könnte er um mich kämpfen. Und dann kam der Tag, als Noël, der Beach-Boy unseres ehemaligen Strandanwesens in Abidjan, starb. Er hatte Aids, und ich habe ihn über Monate gepflegt. Sein Tod erschütterte meine Familie. Doch mehr noch erschütterte sie, dass Noël, den Aziz, Selim, Sonia und Sarah so gemocht hatten, starb, als ich in Kairo und nicht bei ihm gewesen war. Sein Tod hat allen – auch mir – geholfen, zu akzeptieren, wo mein Platz ist. Die Kinder gaben mir zu erkennen, dass sie mich zu verstehen begannen, und Aziz sagte: ‹Bevor es zwischen uns zum Hass kommt, installiere dich in Abidjan. Komme uns dann besuchen, wenn du kommen kannst.›

Von da an wurde es einfach. Ich ging nach Kairo, weil ich gehen wollte, nicht weil ich gehen musste. Ich gehe immer dann, wenn ich sehe, dass in den nächsten Tagen niemand stirbt. Es kann sein, dass ich Aziz und Sarah anrufe, um zu sagen: ‹Ihr könnt mich morgen abholen.› Und dann kommen sie, holen mich ab, und wir verleben wunderbar entspannte Tage. Nur wir drei. Vielleicht mal der Besuch von wirklich guten Freunden, aber weder Cocktailpartys noch gesellschaftliche Anlässe. Ich mag keinen Smalltalk mehr führen und auswärts essen gehen schon gar nicht. Eine Ausnahme allerdings mache ich. Wenn ich in Kairo ankomme, gehen wir – Sarah und ich – zuerst zu ‹McDonald's›! So, und jetzt schalt dein Tonband aus, wir sind an der Reihe.»

Lotti steht auf, geht zum Schalter, ich bleibe sitzen, verdaue. Nicht den Hamburger von «McDonald's», sondern die Erkenntnis, dass es unermessliche Liebe tatsächlich gibt.

«Worauf wartest du noch? Komm, wir gehen.»

«Lass mich dir eine Frage stellen.»

«Ich lass dich! Schiess los.»

«Ich merke gerade, es ist gar keine Frage, es ist eine Feststellung.»

«Dann stelle fest.»

«Du bist nicht hier, weil du glaubst, es gehe nicht ohne dich, du bist hier, weil du zutiefst verwurzelt bist.»

«Das hast du schön gesagt, und jetzt komm.»

Wieder im Auto, reden wir über die Ehe. Lotti erzählt, wie schön es heute sei, nicht einfach ein Möbelstück in einer Beziehung zu sein, sondern nach wie vor ein respektiertes Individuum. Sie erzählt von einer Frau, die ihrem Mann bewusst tagtäglich ein Kompliment macht, wie toll er sei und wie gut er diese oder jene Sache gemeistert habe, weil sie denkt, dass Männer dies brauchen. Und sie erzählt die Geschichte ihrer Freundin Anne. Ihr Ehemann hatte sie neun Jahre lang mit ihrer besten Freundin betrogen. Als es schliesslich auskam, verlor Anne nicht nur ihren Ehemann und ihre Freundin, sondern auch den Boden unter den Füssen. Lotti hörte es an ihrer Stimme, als sie telefonierten. Lotti schlug Anne vor, sich impfen zu lassen, ein Visum zu beantragen und nach Abidjan zu reisen. Versprach, in Afrika werde sie wieder auf die Beine kommen. Dass Anne vor ihrem Hausfrauendasein Krankenschwester gewesen war, mag mit ein Grund dafür gewesen sein, warum ihre Reise zu Lotti so schnell Wirkung zeigte. Nach vier Wochen ging sie wieder nach Hause zurück und wusste, dass sie auch ohne ihren Mann ihren Wert hatte.

«Wohin fahren wir? Nicht zurück?»
«Nein, wir müssen noch den Fisch holen. Und die Teigwaren.»

Eine Minute später klingelt Lottis Handy, sie nimmt ab, hört zu, wendet das Auto, fährt nun doch zurück.
«Aïcha stirbt.»

Aïcha hat begonnen, ganz flach zu atmen, ist nicht mehr ansprechbar. Lotti legt ihr die Hand auf die Stirn, zu mir sagt sie, wie froh sie sei, ihre Versprechen gehalten und neben Aïchas Bett gesessen zu haben. Dann, weil es Lotti klar ist, dass der Tod noch Stunden nicht eintreten wird, geht sie ihrer täglichen Arbeit nach. Wir gehen ins Ambulatorium. Die erste Patientin, die vorbeischaut, scheint Lotti bestens zu kennen.
«Guten Tag, Yvonne, geht es dir nicht gut?»
«Mein Mann hat mich geschlagen.»
«Wann?»
«Gestern Nacht.»
«Warum hat er dich geschlagen?»
«Er hat sich über das Essen aufgeregt, das ich ihm gekocht habe. So sehr, dass er erst alles kurz und klein schlug und dann auf mich losging. Ich hatte Angst, er höre nie mehr auf damit.»

Yvonne, der ein kleines Kind auf ihrem Schoss sitzt, hebt den Ärmel ihres Kleides und zeigt eine grosse, kreisrunde Schürfwunde. Der Schmerz, den sie fühlen muss, lässt mich wegsehen, aber erst, nachdem ich darüber gestaunt habe, wie weiss der Muskel unter der geplatzten schwarzen Haut ist.
«Der Arzt wird dich versorgen, geh nachher zu ihm. Wo hast du geschlafen?»
«Bei einer Freundin. Aber jetzt will ich zurück ins Dorf, zu meiner Mutter. Ich will nicht mehr hier bleiben.»

«Wenn du zurückgehst, Yvonne, dann stirbst du. Bleibst du, dann hast du die einmalige Chance, noch lange zu leben.»

Lotti wendet sich an mich, erklärt, sie möchte, dass Yvonne an einem Forschungsprojekt teilnehmen kann, von dem sie mir bis jetzt nichts erzählt habe. Sie, Lotti, habe Plätze für dreissig Aidspatienten in einem Dreifachtherapie-Projekt bekommen. Im Rahmen dieses Projektes erhiel-

ten die Teilnehmenden die teuren Medikamente für die nächsten drei Jahre gratis.
«Yvonne, wenn du jetzt gehst, dann vertust du die Chance deines Lebens.»
«Ich weiss, aber ich will nicht hier bleiben. Ich will ins Dorf.»
«Und wenn ich mit deinem Mann spreche, wenn ich versuche, den Streit zwischen euch –»
«Nein, das will ich nicht. Ich bin fertig mit ihm.»
«Gibt es eine Möglichkeit, dass du noch länger bei deiner Freundin wohnst?»
«Sie hat es mir angeboten.»
«Hat sie selbst Kinder?»
«Ja, zwei. Sie hatte vier, aber die Zwillinge sind gestorben.»
«Hat sie einen Mann?»
«Nein.»
«Und du kannst dir vorstellen, mit ihr zu wohnen?»
«Ja, sie ist sehr nett.»
«Noch sehr nett! Nach ein paar Tagen, vielleicht auch erst in zwei, drei Wochen, wird sie genug davon haben, dir und deinem Kind zu helfen. Sie wird dir das nicht sagen, aber sie wird es dich spüren lassen. Damit es möglichst lange nicht dazu kommt, werde ich dir Mehl, Teigwaren und Bananen mitgeben. So kannst du dich am Haushalt beteiligen und auch ihr helfen. In ein paar Tagen, wenn es dir besser geht, reden wir darüber, wie es weitergehen soll. Einverstanden?»
«Ja.»

Lotti steht auf, holt die versprochenen Lebensmittel. Kaum ist Yvonne mit ihrem Kind draussen, steht die nächste Frau in der Tür, Lotti erkennt sie sofort, fragt:
«Geht es Jean-Marie nicht gut?»
«Nein. Er sitzt nur noch auf dem Boden, bewegt sich nicht und starrt immer auf den gleichen Fleck.»
«Wir werden ihn holen.»
«Er ist nicht zu Hause.»
«Wo ist er dann?»

«In einem Pfarreizentrum.»

«Dann holen wir ihn eben dort.»

Lotti telefoniert mit dem Spital, um nach Aïcha zu fragen, dann geht sie in die Apotheke, holt eine Spritze und eine Ampulle Valium, legt alles in eine Nierenschale und drückt mir diese in die Hand. Im Auto erklärt sie mir, dass es sich beim Patienten um den Freund der jungen Frau handle, er sei einunddreissig Jahre alt und positiv. «Ich habe ihn gestern beim Arzt gesehen, und er hat mir dort schon nicht gefallen. Ich glaube, er hat eine Toxoplasmose entwickelt. Eine häufige Begleiterscheinung von Aids, die das Gehirn angreift.»

Wir fahren zur Hauptstrasse hoch, dann nach links und die übernächste Sandstrasse wieder hinunter. Es muss geregnet haben in der Nacht, hier sind tiefe Pfützen, durch die der Geländewagen aber problemlos durchkommt. Das Taxi vor uns bekundet Mühe. Die Strasse ist holprig, uneben. Das Gerumpel will nicht aufhören. Endlich sagt die junge Frau: «Jetzt nach links, dort vorne ist es.»

«Dort vorne» liegt etwa fünfzig Meter vor uns, dazwischen ist keine Strasse, sondern loser Sand. Lotti schaltet das Allradgetriebe ein und fährt mit den Worten: «Kann sein, dass wir stecken bleiben», los.

Wir bleiben nicht stecken. Kommen an. Das «Pfarreizentrum» entpuppt sich als eine grosse Hütte mit einem etwa zehn auf zwanzig Meter grossen Raum. Das Dach aus verdorrten Palmenblättern hat Regen durchgelassen, der Sandboden ist feucht. In einer Ecke befindet sich eine Musikanlage, davor ein paar zerfledderte Sofas. Gleich beim Eingang stehen Bänke hintereinander, auf denen, sehr ruhig, junge Frauen mit ihren Kindern, ein paar ältere Frauen und vier, fünf Männer sitzen. Davor, an einem improvisierten Rednerpult, steht ein kräftiger Bursche, der in einem monotonen Singsang aus der Bibel zitiert.

Jean-Marie sitzt, zur Wachsfigur erstarrt, fünf Meter daneben auf einer schmutzigen Schaumgummimatte, starrt Löcher in die Luft und – hält eine Bibel in der Hand. Er reagiert weder auf Lottis Berührung noch auf ihre Stimme. Nichts. Lotti erklärt ihm, er müsse sich hinlegen, damit sie ihm eine Spritze machen könne. Als wir versuchen, ihn aus seiner sitzenden Position in eine liegende zu bringen, kommt Leben in ihn, er schreit. Schreit wie ein verletztes Tier und wehrt sich vehement. Die Kraft, die er dabei entwickelt, ist so enorm, dass wir chancenlos aufgeben. Der predigende Bursche hat mit seinem Singsang aufgehört und damit begonnen, Fragen zu stellen. Nicht an uns. Weder er noch seine Gemeinde beachten uns. Nicht einmal Jean-Maries Schreie haben die eigentümliche Versammlung stören können. Der Prediger fragt, wer Kinder habe, und zählt die Hände, die hochgehen: zwanzig. Nun will er wissen, wer verheiratet sei, zählt abermals: drei. Lotti wendet sich angewidert ab: «Einer dieser sektiererischen Evangelisten. Die machen mich sauer. Das sind die, die den Müttern die Medikamente wegnehmen, die wir ihnen geben, und ihnen sagen: ‹Gott wird es richten.›»

Wir versuchen es noch einmal. Drei Frauen gegen einen an Toxoplasmose erkrankten, fürchterlich schreienden Mann. Irgendwie schaffen wir es. Bringen ihn aus der Vertikalen in die Horizontale, öffnen ihm den Hosenbund, damit Lotti fünf Zentimeter Haut findet, um ihm das Valium ins Gesäss zu injizieren.

Zehn Minuten später ist Jean-Marie entspannt, scheint gar dem nun einsetzenden Halleluja-Gesang von nebenan zuzuhören. Als wir ihm aufhelfen wollen, um ihn ins Auto zu bringen, sagt er jedoch: «Nein.» Lotti redet mit ihm, erklärt, sie könne ihm nur helfen, wenn er mitkomme. Jean-Marie will nicht. Lotti wendet sich nun an seine Freundin: «Entweder du schaffst es, ihn zu überzeugen mitzukommen, oder ich gehe ohne ihn. Ich werde ihn nicht zwingen.» Wir setzen uns etwas abseits auf ein Tuch, sehen zu, wie die Freundin liebevoll auf ihn einredet. Als sie uns zunickt, bringen wir Jean-Marie ins Auto. Wir bleiben auch diesmal weder im Sand noch in den Wasserlöchern stecken. Nach gut fünfzehn Minuten ist Jean-Marie hospitalisiert.

Während Lotti zu Aïcha geht, hole ich den leise wimmernden Emanuel aus Noëlles Bett, erschrecke, wie leicht er geworden ist. Er glüht, lächelt, als er mich sieht, aber trotzdem. Ich bringe ihn zu Solange, die gerade damit beschäftigt ist, den kleinen Mohamed zu wickeln. Was gar nicht so einfach ist, da die gespendeten Papierwindeln einen Produktionsfehler haben: fehlende Klebstreifen. Solange behilft sich mit einem Tuch, das sie zusammendreht und als Schnur über Mohameds Nabel verknüpft.

Wir gehen zurück ins Ambulatorium, um dort die Sprechstunde abzusagen. Lotti will jetzt bei Aïcha sein. Doch einer der Wartenden erzählt so betroffen von seiner Frau, die seit Tagen nur noch am Boden liege, Durchfall habe und nicht mehr esse, dass wir uns abermals ins Auto setzen. Die Fahrt führt uns durch dieselben Strassen wie eine Stunde zuvor. Die Hütte des Mannes befindet sich keine zwanzig Meter vom Pfarreizentrum entfernt, wo wir Jean-Marie gefunden hatten. Wir holen die Frau, und Lotti fährt auf der von Schlaglöchern übersäten Strasse zurück ins Sterbespital, wo uns Jean-Maries Schreie empfangen. Das Valium hat aufgehört zu wirken, Dr. Gnode ist bei ihm. YaYa und Felix haben links und rechts am Bett Gitter eingehängt.

Bevor ich meine Tasche hinstellen kann, werde ich von Christ bestürmt, der unbedingt auf meine Arme will. Ich nehme ihn hoch, frage, ob er die Medikamente auch schön nehme, und bekomme ein strahlendes Lächeln zur Antwort. Ich bringe ihn zu Chantal, die auf Arlettes Matratze sitzt und heute müder wirkt als an den vorhergegangenen Tagen. Sie lächelt mich tapfer an, als ich Christ auf ihren Schoss setze, und meint: «Er macht es gut, er nimmt die Medikamente, ohne zu murren.» Erst jetzt wird mir wirklich bewusst, dass diese junge Frau ihrem Kind absolut zuverlässig und möglichst auf die Minute genau, ob Christ will oder nicht, das geben muss, was auch sie am Leben erhalten könnte. Ich wende mich ab, gehe bei Noëlle vorbei. Sie schläft. Emanuel liegt neben ihr, streckt mir seine Ärmchen entgegen. Doch ich kann ihn nicht aufnehmen. Er hängt an einer von Dr. Gnode verordneten Kochsalzinfusion. Damit er ruhig liegen bleibt, sitzt Solange auf dem Bett und hält dem Kleinen den Fuss, in dem die Nadel steckt. Sie erklärt mir, Emanuel habe seit gestern starken Durchfall und trinke kaum mehr.

Endlich gehe ich zu Aïcha. Sie liegt unverändert da, ihr Atem ist unverändert flach. Aber nicht mehr ganz so regelmässig wie noch vor ein paar Stunden. Ab und zu verzieht sich ihr Gesicht, so, als ob sie Schmerzen habe, entspannt sich aber sogleich wieder.

Lotti sitzt auf Aïchas Bett. Bevor ich mich hinsetzen kann, schlägt die Patientin neben Aïcha mit der Hand auf ihre Matratze. Es ist Lea. Lea, eine siebenunddreissigjährige Frau, die mich bis anhin nur sehr argwöhnisch betrachtete und kein Wort mit mir wechseln wollte. Sie ist mir zum ersten Mal aufgefallen, als ich an Aïchas Bett sass. War das gestern oder vorgestern? (Überhaupt, wie lange bin ich schon hier, und was haben wir heute für einen Tag?) Monique kam ins Zimmer und fragte mich, ob ich schnell hinausgehen wolle, sie müsse Jeannette die Windel wechseln. Und Lea, Lea sass aufrecht auf ihrem Bett wie eine Königin und wetterte: «Monique, da fragst du sie, ob sie hinausgehen wolle, weil es bald stinkt, und siehst nicht, dass ich am Essen bin. Warte mit dem Windelnwechseln gefälligst, bis ich fertig bin.» Monique hat nicht gewartet, und ich bin geblieben, und Lea, Lea hat eine finstere Miene aufgesetzt.

Und jetzt sieht sie mich mit einer ähnlich finsteren Miene an und bietet mir einen Platz an. Nachdem ich mich gesetzt habe, krümmt sie ihren rechten, bis auf die Knochen abgemagerten Zeigefinger, winkt mein Ohr zu ihrem Mund. «Stirbt sie?» Ich nicke. Leas Miene wird noch finsterer. Ich kann gar nicht anders, als ihr, die sonst so vehement und unnahbar wirkt, die Hand zu halten. Mit einer schroffen Bewegung ihres Kinns bedeutet sie mir, nicht sie, sondern Aïcha anzuschauen.

Aïcha! «Aïcha, écoute moi, hör mir zu. Du liegst da, atmest ganz flach, und ich habe das Gefühl, jeder deiner nächsten Atemzüge könnte dein letzter sein. Ich weiss noch nicht, dass zwischen dem nächsten und deinem letzten mindestens vier Stunden liegen. Weiss noch nicht, dass der Ausdruck ‹sein Leben aushauchen› ganz und gar unpassend ist. Du bist der erste Mensch, den ich sterben sehe. Der erste, den ich in den Tod begleite. Ich möchte, dass du weisst, dass ich versuchen werde, vielen Menschen von dir zu erzählen.

Auf deinem Nachttisch liegt eine Illustrierte. Die aufgeschlagene Seite zeigt eine lachende, fröhliche Nicole Kidman. Zeigt einen wahr gewordenen Jungmädchentraum. Warum nur werden Träume nicht auch in Schwarzafrika wahr? Zum Beispiel der, dass du weiterlebst.

Lotti zählt deinen Puls. Hundertachtzig Schläge pro Minute. Dein junges Herz ist noch zu stark zum Sterben. Deine Lunge zu kräftig. Trotz deiner unregelmässigen Atemzüge versorgt sie deinen Körper mit genügend Sauerstoff. Einatmen. Ausatmen. Jedes Mal, wenn es vollbracht ist, bist du einen Schritt weitergekommen. Näher an den erlösenden Tod.

Ich sitze auf Leas Bett. Lea, die ewig murrende Lea – das solltest du wissen – weint. Weint deinetwegen. Vielleicht auch ein bisschen um sich selbst.

Gestern habe ich dir versprochen, heute abermals bei dir zu sein und deine Hand zu halten. Ich hätte mir die Zeit gestern nehmen sollen. Hätte! Zu spät.

Zu spät? Vielleicht nimmst du uns auch jetzt noch wahr. Lotti und all die anderen im Zimmer. YaYa ist gekommen und Felix, Monique, Chantal, Solange und Monsieur Konaté. Alle sind sie hier bei dir.»

Es ist nicht Aïcha, die mich nun weinen lässt. Es sind sie: Lotti, YaYa, Felix, Monique und all die anderen. Menschen, die da sind. Einfach da sind. Menschen, deren Gesicht nie in einer Hochglanzpostille erscheinen wird, die aber der Menschlichkeit jeden Tag von neuem eines geben.

Es wird leise geredet und sogar telefoniert. Lotti hat ihr Handy dabei und nimmt es, als es klingelt, auch ab. Wie sie das Gespräch beendet, lächelt sie. «Eine Spende. Das ist oft so, dass ich am Bett von Sterbenden Spendenzusagen erhalte. Ich habe ein Wort dafür: Vorhersehung.»

Aïchas Gesichtszüge verlieren zunehmend an Weichheit, was sie noch verletzbarer aussehen lässt. Sie erinnert mich an das, was sie ist: ein viel zu früh aus dem Nest gefallener Vogel. Einer, den man zwar gefunden und aufgepäppelt hat, der aber nicht die Kraft fand zu fliegen.

Die Schritte, die Aïcha dem Ende näher bringen, werden kraftloser. Ab und zu setzt sie einen Atemzug aus. Sie wirkt erschöpft, so erschöpft wie jemand, der den höchsten Berg der Welt erklimmen muss und kurz vor dem Gipfel nicht mehr kann. Aïchas Puls rast. Zweihundert Schläge pro Minute. Aber, sie ist noch nicht am Ziel. Die letzten Meter wollen gemacht sein. Aïcha kämpft, ringt ihrer Lunge Atemzug um Atemzug ab, macht dazwischen immer längere Pausen, und dann, dann kommt sie an. Wie schön dies sein muss, sehe ich an dem Lächeln, das ihr letztes Ausatmen begleitet.

Damit habe ich nicht gerechnet. Dass der Kampf so friedlich endet. Es scheint zu stimmen, dass Menschen, wenn sie zur Welt kommen, weinen und, wenn sie gehen, lächeln. Heute zumindest hat es gestimmt. Das tröstet mich.

Lea und die anderen Kranken, die sich im Zimmer befinden, sind zutiefst erschüttert. Ich decke Lea zu, streichle ihr über den Kopf, sage, ich käme morgen wieder, und Lea sagt einen Satz, der von Lotti sein könnte: «Sie war viel zu jung zum Sterben, sie hätte meine Tochter sein können.»

Als ich hinausgehe, sehe ich eine junge Frau auf der Bank vor dem Medikamentenzimmer sitzen, ihre Nägel abkauen und leise weinen. Und weil alle – auch Lotti – sich für ein paar Minuten in sich selbst zurückgezogen haben, setze ich mich zu ihr. Sie lächelt: «Ich weiss, wer du bist. Du willst über Lotti schreiben, das ist gut.» Dann schweigen wir. Nach ein paar Minuten erzählt sie mir, wer sie ist: «Ich bin Josiane, Pflegerin, und Lottis Freundin. Weil ich einen Leistenbruch operieren lassen musste, war ich in den letzten Tagen nicht hier. Felix hat mich heute gerufen, weil Aïcha im Sterben lag. Ich mochte Aïcha sehr, auch weil ihr Schicksal meines hätte sein können. Mein Vater wusste von meinem Herzenswunsch, Krankenpflegerin zu werden, wollte mir diesen aber nicht finanzieren. Obwohl er das gekonnt hätte. Er sagte, ich müsse mir das Geld für die Schule selbst verdienen. Ich sah nur eine Möglichkeit, die Prostitution. Doch ich lernte Lotti kennen und erhielt die Chance, im Ambulatorium zu arbeiten. Damit konnte ich die Schule finanzieren. Ich hätte Aïcha gewünscht, sie hätte Lotti früher kennen gelernt.» Josiane hat für ihr junges Alter eine sehr reife Ausstrahlung, aber was Lotti mir erzählt hat, ist nicht zu übersehen: Josiane ist zu jung, um jeden Tag Menschen sterben zu sehen.

Als Lotti auftaucht, schweigen wir bereits wieder.

«Hortense, die Köchin, hat uns etwas gekocht, wollen wir hier essen?»

«Ja, gerne.»

Es gibt Reis und Huhn und zum Trinken Wasser aus der Leitung.

«Ist es immer so, dass die Menschen lächeln, wenn sie gehen?»

«Oft. Sie können noch so lange gekämpft haben, am Ende ist Entspannung.»

«Wie geht es dir, Lotti?»

«Das sollte ich eigentlich dich fragen – es geht. Siehst du, ich musste damit aufhören, dass mich jeder Tod belastet, sonst wäre ich krepiert.»

Nach dem Essen mache ich mich auf den Weg ins Ambulatorium. Die Nacht ist dunkel. Hier und da eine Glühlampe. An einem der klapprigen Marktstände kaufe ich eine Mango. Hundertfünfzig Franc. Knapp vierzig Rappen. Dafür hätte ich auch ein halbes Kilo Reis kaufen können. Oder drei Eier.

Kinder lachen, spielen mit verrosteten Blechbüchsen, rufen «la blanche, la blanche». Aus dem Friseursalon «Jerusalem» dringt scheppernde Musik, irgendwo läuft ein Fernseher. Es gäbe, sagte mir Lotti, bevor ich losging, nicht viele Weisse, die hier in der Nacht alleine durchgehen würden, die überhaupt je freiwillig hierherkämen. Slums hätten einen sehr schlechten Ruf. Die ruhige Ausstrahlung, der nächtliche Frieden, der hier herrscht, beweisen das Gegenteil.

Mittwoch, 18. Juni 2003

Der Regen beginnt nach Mitternacht. Weckt mich mit seiner Heftigkeit, hämmert unablässig auf das Blechdach, hört irgendwann so plötzlich auf, wie er begonnen hat. Ruhig wird es allerdings trotzdem nicht, ständig, unablässig, immer und immer wieder – Militärhelikopterlärm. Direkt über dem Slum. Es ist sechs Uhr. Als Lotti kommt, schaut sie in den grauen Himmel: «Das kommt mir verdächtig vor, ich hoffe bloss, die Lage eskaliert nicht, bevor du abreist.»

Ouattara, der Nachtwächter, unterhält sich mit einem seiner Freunde vor dem Tor. Sie erzählen sich Geschichten, von denen niemand weiss, ob sie stimmen oder einfach in die Welt gesetzt wurden, um zu beweisen, wie nötig es sei, die Rebellen aus dem Land zu schaffen. Eine davon: Die Rebellen schneiden den Menschen die Kehle durch und zwingen deren Verwandte, das Blut zu trinken.

Frühstücken? Lieber nicht. Aber was sein muss, muss sein. Lotti erklärt mir, ich könne unmöglich mit leerem Magen nach Vridi Canal.

«Vridi Canal?»

«Der Slum, wo wir heute Krankenbesuche machen.»

«Der Slum, gegen den Adjouffou ein Villenviertel ist?»

«So ungefähr. Früher machten Germain und ich dort die Konsultationen unter dem Mangobaum, und eigentlich wollten wir das Ambulatorium dort bauen, bekamen aber kein Land. Leider.»

«Du hast einmal gesagt, Dr. Gnode sei Assistenzarzt der Neurochirurgie gewesen, ist er Neurochirurg geworden?»

«Nein, er hat sich für das Ambulatorium entschieden.»

«Dr. Gnode arbeitet wie du ohne Lohn, wovon lebt er?»

«Früher bekam er monatlich Geld von einem Spender in Frankreich. Heute lebt er von privaten Hausbesuchen. So, und jetzt müssen wir los.»

Dreissig Minuten später sind wir dort: Vridi Canal. Zwei Bahngeleise trennen den Slum von der Strasse. Dazwischen Schotter, auf dem ausrangierte, von Rost zerfressene, bis auf ihr Chassis geplünderte Autos auf ihren Felgen liegen. Lotti parkiert ihren Geländewagen neben einer zerfallenen Steinmauer und wird – empfangen. «Das ist César, César wird uns zu den Kranken führen», stellt sie den jungen Mann mit den frech abstehenden Ohren und dem stolzen Lächeln vor, packt ihre Tasche mit Verbandsmaterial und Medikamenten und will los. César aber möchte nicht. Er zeigt zum Himmel, bittet um ein paar Minuten Aufschub. Lotti lacht, nimmt einen Regenschirm aus dem Auto und hält ihn César mit den Worten hin: «Wir haben keine Zeit, darauf zu warten, dass der Regen beginnt und dann auch wieder aufhört, wir gehen jetzt.» César eilt mit schnellen Schritten den ersten Hütten entgegen. Warum er es so eilig hat, bleibt nicht lange ein Rätsel.

Kaum sind wir bei der ersten Patientin angekommen, klatschen auch schon die ersten dicken Tropfen vom Himmel herunter, vereinigen sich in Sekundenbruchteilen zu einem Sturzbach. So heftig und laut, dass es unmöglich ist, sein eigenes Wort zu verstehen. Ich werde aufgefordert, auf einem der vier aus Holzresten zusammengezimmerten Stühle Platz zu nehmen. Vor mir liegt ein junges Mädchen auf dem Boden. Ihr rechter Fuss steht in einem unnatürlichen Winkel vom Unterschenkel ab. Daneben kauert ein Knabe mit Teilen eines in die Brüche gegangenen Radios in der Hand. Die Eltern der beiden sowie die Grossmutter, die ein Baby in den Armen trägt, machen das Gedränge in dem kleinen Raum komplett. Die Enge treibt mir Schweisstropfen auf die Stirn. Lotti sitzt neben mir. Zur Tatenlosigkeit gezwungen, trotzdem völlig entspannt. Und so – ohne ein einziges Wort zu sagen – offenbart sie mir das Geheimnis ihrer Stressresistenz: Muss Lotti warten – wartet sie. Muss Lotti telefonieren – telefoniert sie. Sitzt Lotti bei Aïcha am Bett – sitzt sie bei Aïcha am Bett. Bestaunt Lotti mit Emanuel die Seifenblasen – bestaunt sie mit Emanuel die Seifenblasen. Lotti lebt im Moment, konzentriert sich auf den Augenblick, schenkt hundertprozentige Aufmerksamkeit. Lässt die Zeit stehen. Hier und jetzt. Der Regen hat von einer Sekunde zur anderen aufgehört, so als habe Petrus den Wasserhahn zugedreht.

Lotti wendet sich an die Patientin.
«Was ist mit dir?»

«Ich bin hingefallen, und seither kann ich nicht mehr auf diesem Bein stehen.»
«Wann ist das passiert?»
«Im letzten Dezember.»
«Im letzten Dezember!?»
«Ja.»
«Und seither liegst du da?»
«Ja, Dr. Gnode hat mich einmal besucht und mich gebeten, in Treicheville den Fuss röntgen zu lassen. Das habe ich dann auch gemacht.»
«Und?»
«Man sagte uns, der Fuss sei gebrochen. Man könne ihn aber nicht gipsen, sondern müsse operieren.»

Nun schaltet sich die Mutter ein:
«Aber wir haben kein Geld für eine Operation, es ist zu teuer.»
«Hast du dich erkundigt, wie teuer es ist?»
«Nein, es ist immer zu teuer.»
«Das kannst du nicht wissen, bevor du nicht nach Treicheville gefahren bist und nachgefragt hast, oder? Warum hast du César erst heute gebeten, dass wir vorbeikommen?»
«Ich habe gedacht, es heilt von allein.»
«Es wird nicht heilen, im Gegenteil.»
«Und – was soll ich tun?»
«Nach Treicheville gehen, dich nach den Kosten der Operation erkundigen und dann zu mir kommen. Sagen, wie viel du selbst bezahlen kannst, und mich fragen, ob ich den Rest übernehmen würde.»
«Ich hätte das Geld lieber jetzt gleich, dann könnten wir den Fuss sofort operieren lassen.»
«Ich werde dir kein Geld geben, bevor du dich nicht bemüht hast. Du gehst nach Treicheville und bringst mir den Kostenvoranschlag.»
«Ich will nicht nach Treicheville.»
«Du musst.»
«Aber es ist so weit, und es kostet mich zu viel Zeit.»
«Es wird deiner Tochter den Fuss kosten, wenn du nicht gehst.»
«Ich werde morgen gehen.»

«Morgen?»
«Vielleicht auch erst übermorgen, je nachdem, ob der Regen wiederkommt.»
«Du wirst immer einen Grund finden, nicht zu gehen. Sieh dir deine Tochter an. Du musst dich aufraffen. Für sie.»

Wieder draussen, ist alles überschwemmt. Und meine Gummistiefel stehen fein säuberlich im Ambulatorium. Lotti und ich tragen Turnschuhe. Aber das scheint sie nicht zu stören. Sie watet einfach durch das stellenweise fast kniehohe Wasser.
«Soll ich nicht vielleicht die Schuhe ausziehen?»
«Schuhe ausziehen, hier? Kommt gar nicht in Frage, du bist in einem Slum. Überall Scherben und rostige Büchsen, und das Wasser steht vor Dreck.»

Gut, behalte ich die Schuhe eben an, setze meinen Fuss mitten in die graue Brühe hinein. Unangenehm? Sehr unangenehm. Aber das vergesse ich sofort wieder, denn vor mir springt Lotti mit einer solchen Leichtigkeit über Steine, Sandhügel und aus dem Wasser ragende Autobatterien, dass ich unweigerlich lachen muss. Sie sieht zurück, hält ihre Rechte mit der Handfläche nach oben in die Luft, schaut mich herausfordernd an, und in diesem Moment spüre ich sie auch: die nächsten Tropfen. Wenigstens kommen sie nicht mehr ganz so sintflutartig wie vorher. César macht uns immer wieder auf herunterhängende Stromkabel und vorstehende messerscharfe Wellblechdächer aufmerksam und führt uns mit traumwandlerischer Sicherheit durch das Labyrinth der unzähligen Hütten zur nächsten Familie.

Man begrüsst uns, ich sehe mich um. Hier hätten wir vorher nicht im Trockenen gesessen. Der Boden ist nass, die Wände feucht. Auf einem Tuch liegt ein schlafendes Baby, daneben sitzt eine Frau auf einem Schemel, ihr Mann steht an der Tür. Spricht.
«Sie hat Fieber.»
«Schon lange?»
«Seit einer Woche.»
«Hustet sie?»
«Ja.»

Lotti kniet sich vor die Frau hin, berührt ihre Stirn.

«Jetzt gerade hast du kein Fieber.»

«Nein, es kommt immer erst gegen Abend.»

«Immer etwa zur selben Zeit?»

«Ja.»

«Das könnte eine Tuberkulose sein. Ich werde dir ein Gefäss geben, in das du am Morgen gleich nach dem Aufstehen als Erstes reinspucken musst. César wird das Gefäss abholen und ins Labor bringen. Mach dir keine Sorgen, der Test ist gratis.»

Das Ehepaar verbeugt sich zum Abschied leicht.

Weiter durch den Regen, durch den grauen Tag. Hier ist tatsächlich alles trostloser als in Adjouffou. Keine Strasse, nur ausgetretene, oftmals enge Pfade, nirgends Musik, keine Kinder, die fröhlich «la blanche, la blanche», rufen. Ob dies an der Düsterheit des Tages, an der fehlenden Sonne liegt, die heute keine Farben malt?

César geht nach links, nach rechts, bückt sich, eilt geradeaus und den ganzen Weg wieder zurück. Allein. Er hat mir vor dem Haus der letzten Patientin den Schirm ausgeliehen, und ich, ich habe ihn dort liegen lassen. Während der arme Kerl zurückhastet, stellen wir uns unter ein vorstehendes Dach. Als eine Mutter mit einem süssen, zirka zweijährigen Jungen vorbeigeht, winke ich dem Knaben zu, der sofort zu weinen beginnt. Lotti sieht meine Konsternation: «Nimm das bloss nicht persönlich, viele Kinder hier haben noch nie einen weissen Menschen gesehen und – ah, da kommt César ja schon wieder.» Triumphierend winkt er mit dem gefundenen Schirm.

Ein paar Minuten später gehen wir an zwei Frauen vorbei, die gerade versuchen, ein Feuer zu entfachen. Wir grüssen.

«Bist du Lotti?»

«Ja, warum?»

«Mir tut alles weh.»

Ein Blick in das Gesicht der Frau, und ich weiss, was Lotti als Nächstes fragen wird.

«Hast du starken Durchfall?»

«Ja.»

«Und Fieber?»
«Ja.»
«Wann hattest du die letzte Menstruation?»
«Das weiss ich nicht mehr, das ist schon lange her.»
«Hast du stark abgenommen?»
«Ja.»
«Hattest du mal eine Gürtelrose?»
«Ja.»
«Kannst du morgen nach Adjouffou ins Laboratorium kommen? Ich werde César das Geld für den Transport geben.»
«Und was machst du dort mit mir?»
«Ich möchte dein Blut untersuchen lassen. Man kann mit vielen Krankheiten leben, wenn man deren Namen kennt, deshalb möchte ich herausfinden, wie deine Krankheit heisst.»

Als Nächstes besuchen wir eine zuckerkranke, alte Frau, der ein Bein amputiert werden musste und die über zunehmende Blindheit klagt. Weiter geht es zu einem Mann, den Lotti auch auf Tuberkulose untersuchen lassen will, und schliesslich, schliesslich kommen wir zu einer Familie, die vom Schicksal hart getroffen wurde.

Die Familie lebt in einer armseligen Hütte, zwei auf drei Meter. Alles aus Holz. An der einen Wand hängt – als Tapetenersatz – ein zerrissenes Wahlpropagandaplakat, in der Luft der Geruch der Armut. Auf einer Schaumgummimatratze liegen zirka einjährige, schlafende Zwillinge, neben ihnen sitzt ein grosser, stämmiger Mann mit Pflastern auf Kopf und Schulter, und am Boden liegt – auf einer Plastikblache – ein siebenjähriger Knabe mit eingegipstem Arm und aufgeschürftem Gesicht.

Der Siebenjährige hatte Lähmungserscheinungen in beiden Beinen. Sein Vater packte ihn aufs Fahrrad und fuhr nach Adjouffou ins Ambulatorium. Dr. Gnode untersuchte den Jungen und gab ihm ein Rezept. Daraufhin ging der Vater in Lottis Büro, fragte, ob sie ihm helfen könne, das Medikament zu bezahlen. Lotti erklärte ihm, sie habe die Tabletten nicht in der ambulatoriumseigenen Apotheke vorrätig, und zeichnete einen Plan, auf dem sie die Apotheke eintrug, in der er die Tabletten bekommen konnte. Sie gab ihm zehntausend afrikanische Franc, fünfundzwanzig

Schweizer Franken. Der Mann bedankte sich für das Geld, packte sein Kind wieder auf das Fahrrad, schob es über die holprige Strasse zur Hauptstrasse hoch, sass auf und trat in die Pedale. Keine hundert Meter weiter passierte das, was hier tagtäglich passiert: ein Unfall. Vater und Sohn wurden von einem Auto gestreift und zu Boden gerissen. Der Lenker beging Fahrerflucht. Liess die beiden einfach liegen. Dank der zehntausend Franc konnten sie mit einem Taxi ins Krankenhaus fahren und sich dort verarzten lassen.

Lotti verspricht, nächste Woche wiederzukommen und die Medikamente gegen die Lähmungserscheinungen mitzubringen, fragt, ob die Familie im Moment Geld brauche. Der Vater schüttelt den Kopf, es gehe, er habe einen Job als Wächter in einer privaten Firma und wolle morgen wieder mit der Arbeit beginnen. Wir verabschieden uns.

«Warum?»

«Warum? Was meinst du, wie oft ich mich das schon gefragt habe: Warum?»

«Keine Antwort?»

«Heute nicht, aber ich habe auch schon mal eine gefunden. Ich erzähle es dir im Auto.»

César führt uns zurück, bekommt von Lotti seinen Lohn und verschwindet so unauffällig, wie er gekommen ist. Kaum sitzen wir im Auto, sind die Scheiben beschlagen. Lotti steckt den Schlüssel ins Zündschloss, kurbelt die Fenster herunter, legt die Hände aufs Lenkrad und erzählt die Geschichte von Monsieur René.

«Es war im Januar 2002. Ich sass, wie jetzt auch, im Auto. Genau hier. Ich war zu früh und wartete auf César. Ich stieg aus, um schon mal meine Taschen zu packen, und bemerkte den süsslichen Gestank eines verendeten Tieres. Ich ging um das Auto herum, folgte dem Geruch, an dem mich irgendetwas irritierte – und fand einen Mann. Er lag, eingewickelt in einen schwarzen Kehrichtsack, drei Meter von der Strasse entfernt, in einem behelfsmässig ausgegrabenen Loch. Er war vollkommen ausgetrocknet, aus seinen Ohren und seinem Mund krochen Ameisen. Ich sah, wie sich sein Brustkorb hob und senkte und ging zu ihm hin. Als er mich anschaute, fragte ich: ‹Wie lange sind Sie schon hier?› Er antwortete leise, aber gut verständlich: ‹Ich weiss es nicht.› Ich musste den Mann irgendwie in meinen Geländewagen schaffen, nur wie? Er war ungewöhnlich gross und bestimmt zu schwer für mich. Ich sagte zu ihm: ‹Ich werde Hilfe holen und Sie ins Ambulatorium bringen.› Bevor ich ging, flüsterte er: ‹Ich bin Monsieur René.› Endlich kam César, ich zeigte ihm Monsieur René und bat ihn, im Slum ein paar Leute zusammenzutrommeln. César kam mit drei Männern zurück. Im Slum wusste man, dass Monsieur René seit gut zehn Tagen dort lag, man hatte ihm ab und zu etwas Wasser oder ein paar Essensreste vorbeigebracht. Wir packten ihn ins Auto. Im Ambulatorium legten wir ihn auf ein Bett. Ich wickelte ihn aus dem Kehrichtsack, was die Würmer in seinen diversen Wunden störte.

Monsieur René erzählte mir in den Nächten, in denen ich an seinem Bett wachte, dass seine Frau vor zwei Jahren gestorben sei und er nicht wisse, wo seine beiden Kinder heute lebten. Er kam aus Kamerun und war Matrose. Er kannte die ganze Mittelmeergegend. Wir redeten stundenlang über Griechenland, Tunesien, Italien, Spanien. Er lebte noch acht Tage. Acht Tage, in denen ich die Antwort auf das ‹Warum?› finden konnte.»

«Die Antwort war der Bau des Sterbespitals?»

«Exakt.»

Lotti dreht den Schlüssel um. Sie beabsichtigt, endlich den Fisch und die Teigwaren zu holen.

Keine zwei Minuten später fahren wir an den beiden teuersten Langusten-Restaurants Abidjans, «Petit Bateau» und «Capko», vorbei. Weisse Tischtücher, lustvolles Essen, klingende Kristallgläser, ganz nahe am Elend. Ein paar Kilometer weiter passieren wir einen Viehmarkt. Die vor Schmutz starrenden Kühe haben nicht viel Fleisch an den Knochen. Ihr «Duft» weht durch das offene Fenster zu uns herein und lässt mich die Nase rümpfen.

«Kann man den Tod riechen?»

«Du hast ihn also gerochen.»

«Ja, aber nicht bei Maryam oder Aïcha, sondern im Männerzimmer.»

«Foufana! Er liegt seit Tagen im Koma. Ich sollte schon lange an seinem Bett sitzen. Felix und YaYa kümmern sich um ihn.»

«Bist du immer dabei, wenn jemand stirbt?»

«Wenn ich es einrichten kann, ja.»
«Du lässt die Menschen in ihren Betten sterben, hast du nicht auch schon daran gedacht, ein Sterbezimmer für sie einzurichten?»
«Nein, ich nehme sie nicht aus ihrer gewohnten Umgebung. Ich will weder Musik noch Kerzen. Keine Zeremonine – sie sollen dort sterben, wo sie die letzten Tage verbracht haben, so, wie sie gelebt haben. Ohne Firlefanz.»
«Gibt es Momente, in denen du denkst, du kannst nicht mehr?»
«Ja, es gibt sie. Das Schlimmste ist, ein Kind sterben zu sehen. Wenn Kinder sterben, kommt bei mir die Wut, ich möchte schreien und muss ganz ruhig sein. Ganz, ganz ruhig. Auch innerlich. Das Wichtigste für Sterbende ist, dass wir Ruhe bewahren.»
«Und trotzdem machst du weiter, einfach weiter.»
«Ja, weil ich weiss, dass es noch viele Maryams und Aïchas gibt, die kommen werden. Und jetzt keine Fragen mehr! Schau, wir sind da.»

Wir sind in einem Stadtteil von Abidjan angekommen, der aus lauter Lagerhäusern besteht. Es hat aufgehört zu regnen. Auch hier scheinen alle Lotti zu kennen. Sie wird begrüsst, man klopft ihr auf die Schulter. Ihr Erscheinen ruft Freude hervor. Zielstrebig hält sie auf eine Theke zu, an welcher eine Libanesin steht, die, kaum hat sie mit Lotti zu sprechen begonnen, Tränen aus ihren Augen wischt. Sie hat vier Söhne und eine Menge Probleme. Nicht der Kinder wegen. Es ist die wirtschaftliche Situation, die sich seit dem Putsch im letzten Jahr dramatisch verändert hat und ihr zu schaffen macht. Die Vorratslager in den von den Rebellen kontrollierten Gebieten werden nicht mehr von Abidjan aus beliefert. Der Umsatz von früher acht bis zehn Millionen CFA pro Tag brach auf fünfhunderttausend ein. In Schweizer Franken umgerechnet: Vor dem Putsch konnte mit Tageseinnahmen von bis zu fünfundzwanzigtausend Franken gerechnet werden, heute sind es noch tausendzweihundertfünfzig. Lotti bekommt die Teigwaren trotzdem nach wie vor gratis. Hundert Kilo pro Monat.

Ein paar Schritte weiter holt sie den Fisch, auch umsonst, ebenfalls hundert Kilo im Monat. Es sei guter Fisch, betont sie. Die Hälfte davon wird tiefgefroren, die andere Hälfte geräuchert. Teigwaren und Fisch erhält Lotti von Libanesen, die Tonne Reis alle sechs Monate von Franzosen. Viele Geschäftsleute an der Elfenbeinküste sind Libanesen. Dank ihrer Hilfsbereitschaft konnte Lotti eine bestechende Idee verwirklichen.

Libanesische Frauen legen während ihres wöchentlichen privaten Grosseinkaufs jedes Mal Ware in den Korb, die nicht für sie selbst bestimmt ist. So kaufen zwanzig Frauen beispielsweise jeden Monat drei Flaschen Öl dazu, was Ende Monat sechzig Liter Öl ergibt. Andere Frauen haben auf ihrer Einkaufsliste zusätzlich Zucker, Seife, kleine Erbsen in grossen Büchsen, Toilettenpapier, Kehrichtsäcke, Shampoo stehen. Lottis Rechnung ist einfach: Wenn viele wenig geben, kommt viel zusammen, und es tut niemandem weh. Alles, was es braucht, ist eine gute Organisation. Lotti lässt die Waren bei den Frauen abholen.

Mit einem Auto voller Teigwaren und – zum Glück gut verpacktem – Fisch, fahren wir zurück. Die Teigwaren deponieren wir im Ambulatorium, den Fisch in der Küche des Sterbespitals. Kaum haben wir den Hof betreten, kommt uns YaYa entgegen, sagt, vor dreissig Minuten sei Foufana gestorben und kurz darauf auch Bernadette. Bernadette?

Ich habe sie nie gesehen, denn Bernadette ging es so gut, dass sie immer unterwegs war. Aus Platzmangel schlief sie auf einer Matratze am Boden, gleich neben Noëlles und Emanuels Bett. Die Bestürzung über ihren schnellen Tod lässt Lotti tief Atem holen.

Als sich Lotti ein paar Minuten später ins Ambulatorium aufmacht, um dort ihre Konsultationen abzuhalten, bleibe ich im Sterbespital. Ich fühle mich nicht gut, mein Magen rumort, meine Glieder schmerzen, die erhöhte Temperatur in meinem Körper kommt nicht von der Hitze des Tages. Emanuels Wimmern lockt mich zu Noëlle ans Bett. Zum ersten Mal seit Tagen erlebe ich sie wach. Sehe ihre Augen, ihr Lächeln und – ihren Ehering. Ich nehme Emanuel, der abermals merklich an Gewicht verloren hat, in die Arme. Gerade als ich mit ihm hinausgehen will, kommt Solange und nimmt ihn mir mit den Worten: «Dr. Gnode möchte ihn sehen» ab. Ich frage Noëlle, ob ich mich zu ihr hinsetzen darf. Sie nickt. Der Tod ihrer Zimmergenossin hat sie sichtlich mitgenommen. Bernadette, erzählt sie, habe plötzlich heftigen Durchfall bekommen, dabei sei es ihr doch gestern noch so gut gegangen. Sie habe nicht gedacht, dass man so schnell sterben könne. Um sie abzulenken, frage ich nach ihrem Ehering. Eine Frage, die Noëlle dazu veranlasst, mir ihre Geschichte zu erzählen.

Noëlle spricht langsam, flüsternd. Ab und zu setzt sie mit dem Reden aus und schaut mich mit ihren grossen Augen einfach an, so als wolle sie in meinen sehen, ob ich auch wirklich alles verstehe.

«Ich habe meinen Mann schon lange nicht mehr gesehen. Jahre schon. Ich habe eine Tochter, die vierzehn ist. Auch sie habe ich jahrelang nicht gesehen. Ich weiss nicht einmal, wo sie heute lebt. – Mein Mann hatte Arbeit, das war gut. Doch dann kam er eines Tages nach Hause und sagte, er habe seinen Job verloren. Er packte seine Sachen und ging. Ich war mit Emanuel im zweiten Monat schwanger. – Ein paar Tage später kamen zwei Polizisten. Sie sagten, mein Mann habe Geld unterschlagen, und wollten wissen, wo er jetzt sei. Sie glaubten mir nicht, dass ich von der ganzen Sache nichts wusste. – Nahmen an seiner Stelle einfach mich mit. Steckten mich ins Gefängnis. Sie schlugen mich. Einmal so heftig, dass ich Blutungen bekam und fürchtete, mein Kind zu verlieren. – Schliesslich glaubten sie mir, aber freigelassen haben sie mich trotzdem nicht. Emanuel kam im Gefängnis zur Welt. – Ich wusste, dass ich positiv war, und ich wusste, dass ich Emanuel nicht stillen durfte. – Aber ich hatte kein Geld, um für ihn Essen zu kaufen. Und das bisschen, das ich im Gefängnis verdiente, indem ich den anderen Frauen Frisuren machte, reichte kaum, mich selbst zu ernähren. – Ich konnte Emanuel nichts anderes geben als meine Milch. Als man seinen Vater schliesslich fand und ins Gefängnis steckte, war Emanuel ein Jahr alt. Wenigstens vergass man nicht, uns zu entlassen.»

Ich habe schweigend zugehört, und Noëlle begreift, dass ich nichts sage, weil mir die Worte fehlen. Als ich ihre Tränen sehe, lege ich meine Hand auf ihren Oberarm, so wie ich das bei Emanuel gesehen habe. «Ich hätte so gerne einmal ein Eis, würdest du mir eines kaufen?»

Ich lächle Noëlle an, gebe ihr von dem Toilettenpapier, das – als Ersatz für die teuren Kosmetiktücher – auf allen Nachttischen steht, und sage, mit ihrem Durchfall sei ein Eis sicher keine gute Idee, aber ich könne ihr stattdessen eine Banane bringen. Noëlle will keine Banane, sondern will wieder schlafen. Ich warte, bis sie gleichmässig atmet, stehe dann auf und gehe mit gesenktem Kopf Richtung Tor. Ich fühle mich elend, möchte mit niemandem reden, möchte, dass mich niemand sieht. Christ sieht mich trotzdem und rast auf mich zu, hinter ihm, auf wackeligen Beinen Mohamed. Ich knie mich zu den beiden hin und lächle bei dem Gedanken, dass ich vor zwei Religionen knie. Dann aber wimmle ich die beiden ab, gehe hinaus und schaffe es gerade noch zurück ins Ambulatorium und dort auf die Toilette. Das aus der Schweiz mitgebrachte Imodium wirkt sofort. Ich falle in einen unruhigen, fiebrigen Schlaf, aus dem mich Lotti Stunden später weckt.

«Geht es dir nicht gut?»

«Nicht sehr.»

«Durchfall?»

«Ja. Aber keine Gürtelrose! Und Gewicht habe ich auch nicht verloren.»

Lotti lacht.

«Ich werde dir ein Aspirin bringen, und dann soll Germain dich mal anschauen.»

«Morgen, das hat Zeit bis morgen.»

«Ich gehe zum Kiosk, um Spaghetti mit Nierchen zu essen. Möchtest du auch welche?»

«Warum nicht gleich zwei Portionen? Aber eine Banane könntest du mir bringen.»

Eine halbe Stunde später stupst sie mich leicht an der Schulter, weckt mich aus einem Traum, der mich in strömendem Regen wie ein Vogel über das Elend des Slums Vridi Canal fliegen liess.

«Hier, ich habe dir zwei Bananen gegen den Hunger und zwei Aspirin gegen das Fieber gebracht und Tee gekocht. Iss und trink, nimm das Medikament und dann schlaf.»

«Ich würde lieber reden. Hast du Zeit?»

«Ich habe Zeit, aber du hast Fieber und müsstest – ach, was solls, du bist schliesslich erwachsen. Also, wenn du reden willst, dann reden wir.»

«Erzähl mir von diesem Dreifachtherapie-Projekt, in dem du dreissig deiner Patienten unterbringen kannst.»

«Es ist ein Forschungsprojekt, das unter dem Namen Trivacan läuft. Es geht darum, herauszufinden, wie Patienten reagieren, wenn man ihnen ein paar Monate lang retrovirale Therapie gibt und diese dann für einige Zeit wieder unterbricht.»

«Warum?»

«Nun, es geht um – »

«Geld?»

«Sicher. Denn wenn es möglich ist, die Dreifachtherapie immer wieder zu unterbrechen, was – wie man bis jetzt annimmt – mehr schadet als hilft, könnte einiges gespart werden.»

«Deine Patienten bekommen demnach die Chance, drei Jahre lang zu leben, spielen gleichzeitig aber Versuchskaninchen.»

«Frag mich jetzt nicht, ob ich das ethisch vertretbar finde.»

«Mach ich nicht, ich habe verstanden: Es geht um Sterben oder drei Jahre länger leben.»

«Ich werde versuchen, vor allem junge Mütter ins Projekt zu bringen. Drei Jahre länger eine Mutter zu haben, ist ethisch vertretbar.»

«Du kannst bringen, wen du willst?»

«Alle, die über achtzehn Jahre alt sind, deren Anzahl Helferzellen zwischen hundertfünfzig und dreihundertfünfzig liegt und die ein nicht zu tiefes Hämoglobin haben, da eines der Medikamente die Blutarmut verschlimmert. Ich werde übermorgen die ersten sechs Patienten zur Abklärung ins Labor von Dr. Chenal bringen. Dort wird ein Laborant die nötigen Blutuntersuchungen machen, dann wird entschieden, wer dabei sein wird und wer nicht.»

«Ins Labor von Dr. Chenal?»

«Dr. Henri Chenal. Er ist ein Hämatologe. Ein guter Freund von mir. Er kam – als Kind französischer Kolonialisten – hier zur Welt, ist Staatsbürger der Elfenbeinküste. Du solltest jetzt schlafen und gesund werden, damit du am Freitag mitkommen und ihn kennen lernen kannst.»

«Du hast Recht, ich werde jetzt schlafen, ich bin sehr müde.»

Lottis «gute Nacht», nehme ich nur noch schwach wahr, dann bin ich weg. Fliege über Vridi Canal hinweg, erwache aber immer wieder schweissgebadet. Ob vom Fieber oder den Bildern, die ich in den letzten Tagen gesehen habe, kann ich nicht unterscheiden.

Donnerstag, 19. Juni 2003

Um sechs Uhr weckt mich eine gespenstische Ruhe. Ich stehe auf, schaue zum Fenster hinaus. Sehe in der Dunkelheit einen Soldaten vor dem Ambulatorium stehen, der in seiner rechten Hand ganz lässig ein Gewehr hält. Fieberwahn? Ich raffe mich auf, gehe unter die Dusche, wasche mir die Nacht vom Leib. Als ich zurückkomme, stehen fünf Soldaten auf der Strasse. Zwei schieben Wache. Die anderen drei durchkämmen das Viertel, verlangen von den Passanten, dass sie sich ausweisen. Sie sind nett mit ihnen, fast höflich. Das Einzige, was stört, sind ihre Uniformen, die Kampfstiefel und die Gewehre. Als ich Lotti kommen sehe, gehe ich ihr entgegen.

«Geht es dir besser?»

«Ja, ich werde heute zum Frühstück noch einmal zwei Aspirin nehmen, dann ist die Sache überstanden – hoffe ich. Aber was tun die Soldaten hier?»

«Das werde ich dir nicht sagen.»

«Keine politischen Aussagen und Bemerkungen! Genau, das hast du mir ja schon einmal gesagt.»

«Wir werden heute Morgen woanders frühstücken müssen.»

«Warum?»

«Weil unser Kiosk geschlossen ist. Schau, die Läden sind zu.»

Der Besitzer – geht mir durch den Kopf – kommt aus Burkina Faso. Ich stelle Lotti keine weiteren Fragen. Nachdem sie in der ambulatoriumseigenen Apotheke eine Schachtel Aspirin für mich geholt hat, gehen wir an zig patrouillierenden Soldaten vorbei ins Sterbespital, um dort zu frühstücken.

Christ fliegt mir in die Arme. Hinter ihm kommt Osé, das grössere der beiden Kinder von Arlette, der Flüchtlingsfrau, die ich noch nie untätig herumsitzen gesehen habe. Entweder wischt sie den Boden, was hier, wo der Schmutz aus der Erde zu wachsen scheint, sicher viermal pro Tag geschieht. Oder sie schrubbt die Kinder oder hackt Gemüse. Jetzt gerade ist sie damit beschäftigt, sich ihren kleinen Sohn Hermas auf den Rücken zu binden.

Während sie das Tuch vorbereitet, sitzt Hermas, dünn wie eh und je, auf dem Tisch und wartet. Wartet einfach darauf, dass seine Mutter bereit ist, ihn auf ihren leicht nach vorne gebeugten Rücken zu legen, das Tuch über ihn auszubreiten und die Enden über ihrer Brust zu verknüpfen. Gelernt ist gelernt. Für beide. Hermas hilft, indem er sich absolut ruhig verhält.

Beim Essen erzählt mir Lotti, sie werde heute die Liste der dreissig Personen zusammenstellen, die sie ins Dreifachtherapie-Projekt bringen möchte.

«Werden Noëlle und Chantal dabei sein?»

«Ich werde sie bestimmt auf die Liste setzen, aber ob sie die Anforderungen erfüllen, bezweifle ich. Sie haben ein zu tiefes Hämoglobin. Ich werde heute Nachmittag auf die Blutbank gehen, um Konserven für beide zu holen, damit wir es erhöhen können.»

Hämoglobin ist ein wichtiger Bestandteil der roten Blutkörperchen und hat vor allem die Aufgabe, den Sauerstoff in der Lunge zu binden und diesen dann in die Blutgefässe zu transportieren. Normalerweise liegen die Werte bei Männern zwischen dreizehn und achtzehn Gramm pro Deziliter, bei Frauen zwischen elf und sechzehn. Für das Dreifachtherapie-Projekt müssen die Patienten einen Hämoglobinwert von wenigstens acht Gramm pro Deziliter aufweisen. Die Werte von Noëlle wie auch Chantal liegen momentan bei knapp über sechs Gramm.

Durch die hier einseitige eiweiss- und vitaminlose Nahrung leiden die meisten Menschen, selbst die, die nicht an Aids erkrankt sind, an Blutarmut. Auch Lotti hat ab und zu – wenn sie sich wie so oft nur von Spaghetti und Nierchen ernährt – zu tiefe Hämoglobinwerte. Deshalb zitiert Dr. Gnode sie manchmal zu sich, sieht ihr in die Augen und zieht ihr das untere Lid nach unten. Je nachdem drückt er ihr eine Schachtel Eisentabletten in die Hand oder murrt etwas Unverständliches.

Lotti steht auf, will weiter, erst ins Ambulatorium und über Mittag dann auf die Blutbank. Sie fragt gar nicht erst, ob ich mitkommen will. Sie sieht mir an, dass ich mich wieder elend fühle. Sie bittet mich, bei Germain vorbeizusehen, und ich versichere ihr, das zu tun.

Davor gehe ich aber noch zu Lea. Zu der ewig mürrischen Lea, der ich schon vorgestern versprochen habe, ich würde sie gestern besuchen. Auf dem Weg zu ihr komme ich bei Noëlle vorbei. Sie scheint zu schlafen, öffnet aber, als ich das Moskitonetz glattstreiche, ihre Augen. Jetzt wird auch Emanuel wach, streckt mir seine von Tag zu Tag dünner werdenden Ärmchen entgegen. Ich nehme ihn auf meinen Schoss, spüre, dass er weniger fiebrig ist, setze mich mit ihm zusammen auf Noëlles Bett. Sie erzählt, dass Lotti sie in ein Projekt aufnehmen wolle, das ihr das Leben retten könne. Lotti habe ihr erklärt, das gehe nur, wenn sie ihre ganze Energie mobilisiere. Sie habe Lotti versprochen, wieder besser zu essen. In ihren Augen glüht ein Funke, der in den letzten Tagen nicht zu sehen war. Noëlle lächelt, als sie fragt: «Könntest du mir bitte eine Banane holen?»

Ich trage Emanuel zu Solange, besorge bei Hortense, der Köchin, die Banane, bringe sie Noëlle, frage, ob ich sie schälen solle. «Nein, das will ich selbst tun.» Noëlle versucht sie zu öffnen, beim dritten Anlauf klappts.

Lea empfängt mich wortlos, winkt mich mit ihrem dünnen Zeigefinger zu sich heran, zeigt dann mit demselben Zeigefinger erst auf ein Fläschchen Ohrentropfen auf ihrem Nachttisch, dann auf ihr rechtes Ohr und schaut mich fragend an. Ich nicke. Nun streckt sie zum immer noch erhobenen Zeigefinger auch den Mittelfinger, blickt mich abermals fragend an. «Ja, Lea, ich habe verstanden, du hättest gerne zwei Tropfen in dein rechtes Ohr.» Nun ist sie es, die nickt. Sie legt sich auf die linke Seite, ich ziehe ihr das Ohr etwas nach hinten und drücke das Fläschchen zusammen. Einmal. Zweimal. «Gut, so?» Lea winkt mit der Hand ab, zeigt mir, abermals mit ihrem Finger, dass sie noch einen zusätzlichen Tropfen braucht. Schliesslich ist sie zufrieden und dankt. Dann kramt sie in ihrer kleinen Handtasche, die sie immer bei sich hat, nach drei Fotos. Auf dem ersten sind ihre Kinder zu sehen. Fünfzehn, dreizehn und zehn Jahre alt. Auf dem zweiten sie. Nur knapp schaffe ich es, nicht zu sagen: Lea, warst du schön!, sondern einfach nur stumm zu nicken. Auf dem dritten Foto ist ihr Mann. «Du hast aber einen schönen Mann, Lea.» «Er ist tot.» Sie schaut mich an. Wir schweigen. Schliesslich meint sie: «Ich muss meine Kinder in unser Dorf zurückbringen. Sie sind immer noch bei meiner Schwester im Slum von Vridi Canal. Ich werde Dr. Gnode fragen, ob er mich entlässt. Ich fühle mich gut, heute fühle ich mich gut.» Bei dem Gedanken, bald heimzugehen, lächelt sie die Ernsthaftigkeit in ihrem Gesicht einfach weg.

Auf dem Weg ins Ambulatorium schaue ich noch kurz bei Jean-Marie vorbei. Die Wandlung vom durch die Toxoplasmose geistig verwirrten zum spitzbübisch schmunzelnden, bildhübschen Mann ist verblüffend. Wir wechseln ein paar Worte, werden dann aber von Monsieur Jean, seinem Bettnachbarn, unterbrochen. Monsieur Jean hat etwas ganz Dringendes zu sagen: «Wenn ich bitte einen kurzen Moment stören dürfte, um Ihnen, Madame, an diesem wunderbar prächtigen Tag zu sagen, wie froh es mich macht, dass Sie solches Interesse für das Sterbespital bekunden. Ja, es macht mich froh.» Bei seinen Worten und der Erinnerung daran, wie perfekt Lotti ihn, den lieben Monsieur Jean, parodiert, muss ich unwillkürlich lachen. Ich verneige mich leicht vor dem Mann, den ich bei jedem meiner Besuche im Männerzimmer entweder im Magazin «Le Point» blättern oder in der Bibel lesen sah. Lotti hat ihn vor sechs Monaten mit einer Tuberkulose in einer erbärmlich verlotterten Hütte mitten in Vridi Canal gefunden. Inzwischen wurde er negativ getestet. Es geht ihm so gut, dass er das Spital morgen verlassen kann. Was er, wie er Lotti versicherte, nur ungern tue. «Es gefällt mir ausserordentlich gut hier bei Ihnen in Ihrem wunderbaren Haus, Madame Lotti, und ich würde mich glücklich schätzen, weiter bei Ihnen Unterkunft geniessen zu dürfen. Ich werde mich aber selbstverständlich und ohne Ihnen auch nur die geringsten Unannehmlichkeiten zu verursachen in mein Schicksal fügen.»

Als ich das Männerzimmer verlassen will, ruft Felix, der blinde Nigerianer: «Meine Tochter, gehst du weg?» Ich weiss, dass er Lotti immer mit ‹meine Tochter› anspricht. Es ist nicht das erste Mal, dass er uns verwechselt. Ich gehe zu ihm, lege meine Hand auf seine. «Felix, ich bin nicht Lotti, ich bin Gabriella.» Felix blickt in meine Richtung geradewegs durch mich und die Wand hindurch in die Unendlichkeit und lacht ein sympathisches, helles Lachen. «Oh, Entschuldigung, ich kann Ihre Stimme noch nicht richtig einordnen, aber in ein paar Tagen werde ich so weit sein.» Ich drücke seine Hand, sage ihm, ich würde am Samstag abreisen. Über seinem Bett hängt ein Poster. Es zeigt eine Seilbahn, die vor weissen Bergspitzen in stahlblauem Himmel über grüne, weiche Hügel in die Höhe schwebt. Wäre das Fieber nicht, ich würde mich jetzt zu Felix setzen, denn ich mag ihn. Ich habe viel zu wenig mit ihm gesprochen, aber ich habe ihn oft beobachtet. Ihn, den Blinden, der in seinem Bett eine ganz eigene Ordnung hat. Ihn, der am Morgen sein Leintuch in minutenlanger Arbeit fein säuberlich zu einem kleinen Päckchen zusammenfaltet und es am Abend wieder hervorholt, um es in einem ganz bestimmten Ritual über sich auszubreiten.

Im Ambulatorium gehe ich zu Dr. Gnode, der mir erklärt, dass ich keine Angst haben müsse, es könne sich nicht um Malaria handeln, er denke eher an eine Mageninfektion. Ich bekomme Antibiotikum, esse, bevor ich es schlucke, das einzige Jogurt, das es im Laden gegenüber gab, lege mich hin und erwache Stunden später mit deutlich weniger Fieber. Draussen ist es dunkel und laut, irgendwo schreit ein Mann seine Frau in Grund und Boden, weinen Kinder. Falls er die Familie verlässt, wird er nie auch nur einen Franken Alimente bezahlen.

Ich bleibe liegen, knipse die Nachttischlampe an, schaue mich im Zimmer um. Ein Tisch, ein Stuhl, ein Bett. Ein Bücherregal, eine Garderobe. Fertig. An der Wand hängen Fotos von Lottis Familie. An der Tür eine Notiz: «Ich liebe dich, Mami, und ich werde dich immer lieben. Sarah, deine Tochter.» Über dem Tisch die Auszeichnung des Adele-Duttweiler-Preises. Auf dem Tisch stapelt sich die zu erledigende Korrespondenz. Im Bücherregal steht ein Gettoblaster, daneben CDs von Yehudi Menuhin. Die Bücher tragen Titel wie: «Mutter Teresa», «Wir sind nicht als Prostituierte geboren» oder «Dumm und dick» von Rosmarie Burri. Andere Autoren heissen Noah Gordon, Paulo Coelho, Khalil Gibran.

Als es an der Tür klopft und Lotti gleich darauf im Zimmer steht, bin ich die Erste, die spricht:

«Hast du eigentlich keinen Kleiderschrank?»

«Nein, meine drei Paar Jeans, vier T-Shirts und die sechs weissen Kittel haben auf dem Bücherregal Platz. Und das einzige Kleid, das ich habe, hängt an der Garderobe.»

«Hast du wenigstens in Kairo einen Kleiderschrank?»
«Wenn es dich beruhigt: Ja.»
«Und? Was hängt dort drinnen?»
«Zwei Paar Jeans und fünf T-Shirts. Hast du Hunger?»
«Ein bisschen, ich werde von meinen Crackers essen. Willst du auch ein paar?»
«Crackers? Perfekt.»

Lotti zieht die Schuhe aus, setzt sich neben mich aufs Bett, rutscht mit dem Rücken an die Wand, legt die Füsse übereinander und sieht dabei so entspannt aus, als käme sie gerade von drei Wochen Karibik zurück.
«Du lebst gerne hier, nicht?»
«Es ist ein Privileg, hier leben zu dürfen. Ich wäre todunglücklich in Europa.»
«Was ist es, was dich hier hält?»

«Merkst du das nicht? Siehst du das nicht?» Lotti ist nicht verwundert, sondern geradezu entsetzt.
«Ob ich es sehe oder nicht, spielt keine Rolle, ich will es hören. Von dir.»
«Jetzt?»
«Jetzt.»
«Hier hat mein Leben einen Sinn. Hier ist es so, als würde das Gefäss, das mich zufrieden macht, so voll sein, dass es überläuft. Dadurch habe ich die Möglichkeit, Menschen glücklich zu machen.»
«Das sehe ich. Sag mir, was ich nicht sehe.»
«Afrika? Vielleicht ist es einfach Afrika.»
«Afrika? Afrika hält dich hier? Aber lass nur, vielleicht willst du gar nicht darüber sprechen, vielleicht ist es – »
«Es ist der Mond am Himmel! Wenn ich im Hof des Sterbespitals sitze, mit meinen Patienten um mich herum, und in den Himmel schaue, den vollen Mond sehe und die Sterne.»
«Weiter.»
«Das Weihnachtsfest, das wir organisierten. Die Freude der Kinder, als ich gesagt habe, wir schmücken einen Baum. Ihr Entzücken, als sie ihn selbst dekorieren durften.»

Lotti macht eine Pause.

«Alle haben gefeiert. Auch die Todkranken. Wir haben sie einfach in den Hof getragen und auf Matratzen und Sofas gelegt. Nach dem Essen ist der älteste Muslim unter meinen Patienten aufgestanden und hat das Zentrum gesegnet. Und nach ihm segnete es auch der älteste Christ.»

Lotti hält inne.

«Was mich hier hält, willst du wissen? Das lautlose Lachen von Emanuel, wenn er Seifenblasen sieht.»

Wir schweigen.

«Hast du das gesehen? Sogar die Erwachsenen haben Spass daran. Seifenblasen! Sie helfen ihnen, zu vergessen, dass sie Krebs haben oder Aids. Spielen die Kinder noch mit Seifenblasen in Europa?»

Ich nicke.

«Dass Aïcha nicht alleine sterben musste, das ist es, was mich hier hält, und … »

Lotti wischt sich eine Träne aus dem Gesicht.

«… den Kindern hier eine Freude machen zu können. Sie ins Auto zu packen und mit ihnen in die Stadt zu fahren, um ein Eis zu essen. Jedes Kind auf der Welt hat doch ein Recht darauf, ab und zu verwöhnt zu werden. Zur Schule gehen zu dürfen. Es gibt ein Mädchen hier, Rebecca, das an der Glasknochenkrankheit leidet. Es hat mehrfach gebrochene Arme und Beine, sitzt den ganzen Tag im Rollstuhl. Dass es dank unserer Unterstützung wenigstens in die Schule kann, das hält mich hier. Genau wie diese Glückseligkeit, einem Kind hin und wieder ein paar richtige Schuhe zu kaufen. Dinge, die in der Schweiz ganz selbstverständlich sind. Ich könnte nicht mehr in Europa leben, weil ich mit dem Überfluss nicht mehr zu Rande komme. Das Problem hatte ich schon in Kairo. Ich ging in einen Supermarkt, stand vor zwanzig verschiedenen Jogurts und konnte mich nicht entscheiden, also kaufte ich keines. Hier in Adjouffou gibt es nur eine Sorte, und wenn ich Glück habe, ist eines vorrätig. Ich brauche nicht mehr als eines. Es sind nicht hunderttausend Dinge, die wichtig sind im Leben. Man kann sie an einer Hand abzählen, es sind: Respekt, Achtung und die Liebe, die Liebe vor allem. Auch wenn wir nicht viel ausrichten können, ist es das, was mich so glücklich macht: zu wissen, unsere Patienten haben die Liebe kennen gelernt. Die Nächstenliebe.»

Lotti putzt sich die Nase.
«Jeannette hat … erinnerst du dich an Jeannette?»
«Die Frau, die – am Abend, als ich ankam – nach dem Sinn des Todes gefragt hat?»
«Genau. Sie legte mir gestern ihre Arme um den Hals und sagte, sie sei sehr, sehr traurig, dass Aïcha gestorben sei, sie habe weinen müssen. Doch sie habe von Aïcha geträumt. Aïcha habe ihr gesagt, sie müsse nicht weinen, denn sie habe jetzt keine Schmerzen mehr, es sei gut. Sie, Jeannette, wolle, dass ich das wisse, denn sie glaube, das tröste auch mich und das sei ihr wichtig, denn sie liebe mich.»
«Verlierst du nie deinen Elan?»
«Doch! Wenn sich der Papierkrieg anhäuft oder wenn ich die Steuern einbezahlt habe, die man von uns verlangt. Oder wenn wir – wie jetzt – den Krankenwagen nicht aus dem Zoll auslösen können. Diese Momente dauern aber nie lange, denn ich habe eine schnell wirkende Therapie.»
«Du gehst einfach ins Sterbespital?»
«Und zehn Minuten später ist meine Welt wieder in Ordnung. Du siehst, ich gehe nicht, weil die Kranken mich brauchen, sondern weil ich sie brauche. Ich bin hier zu Hause. Die Menschen haben mich akzeptiert. Am Anfang haben sie wohl gedacht: ‹La blanche› kommt und will uns diktieren, wie wir zu leben haben, will uns sagen, was richtig ist und was falsch. Aber sie haben erkannt, dass ich ihnen nichts vorschreibe, sondern nur helfen will, ein klein wenig besser zu leben. Und jetzt schlaf. Deine Augen glänzen.»

Lotti hat recht, sie glänzen. Aber nicht vom Fieber.

Freitag, 20. Juni 2003

Der Kiosk ist wieder geöffnet. Ich gehe hin, um einen Tee zu trinken und Pariserbrot ohne Margarine zu essen. Der Kioskbetreiber lächelt auch heute nicht. Ich frage ihn, warum gestern Morgen geschlossen gewesen sei. «Weil sie mich – genau wie viele andere Ausländer auch – abgeholt haben. Frag nicht weiter. Ich bin wieder hier, das ist das Wichtigste.» Als er Lotti kommen sieht, stellt er das Radio ab, schmiert ihr ein Brot, mixt den kondensmilchsüssen Kaffee.

«Ich habe soeben Adelaide gesehen. Das Baby, das so dünn war, ist in der Nacht auf heute gestorben. Ich habe aber auch eine gute Nachricht: Assita, der Mutter von Bouba, geht es besser. Ich weiss nur noch nicht, wie ich ihr erklären soll, dass sie frühestens in drei Monaten gebären darf. Sie ist davon überzeugt, dass der Termin schon übermorgen ist. Weisst du, dass viele Frauen hier glauben, sie hätten in der einen Brust Wasser und in der anderen Milch?»

«Nein. Wäre allerdings praktisch.»

«Wie geht es dir?»

«Besser.»

«Gut, dann kommst du also mit?»

«Zu Dr. Chenal? Ja.»

Im Ambulatorium warten die Patienten darauf, dass Lotti sie in Henri Chenals Zentrum für medizinische Forschung fährt. Dort wird untersucht, ob sie ins Dreifachtherapie-Projekt aufgenommen werden oder nicht. Der heutige Morgen ist für sie das, was für die Gladiatoren der Daumen Cäsars war. Aber – von sechs, die hier sein sollten, fehlen drei. «Das ist nicht verwunderlich. Unpünktlichkeit gehört hier dazu und zu einem abgemachten Termin nicht zu erscheinen, auch.» Lotti sagts, doch ihre Körpersprache straft ihre Gelassenheit Lügen. «Wir werden jetzt einfach losfahren!» Sie geht dann aber in ihr Büro und telefoniert. «Zwei konnte ich auftreiben, sie kommen in zehn Minuten.» Fünfzehn Minuten später fah-

ren wir los. Auf dem Weg zur Hauptstrasse ruft Lotti erfreut: «So ein Zufall, da ist er ja.» Sie hält den Wagen an. «Richard, du bist zu spät dran, komm, steig ein.»
«Nein, ich werde nicht mitkommen, ich überlasse meinen Platz im Projekt jemand anderem.»
«Du vergibst die Chance deines Lebens! Warum?»
«Ich bin der Evangelistengemeinde beigetreten und habe dort gespürt, wie Gott mich erleuchtet hat, ich brauche keine Hilfe mehr.»
«Bist du dir ganz sicher?»
«Ja.»

Lotti fährt schweigend weiter. Fünf Minuten im Sterbespital hätten Richard vielleicht von seinem Entscheid abbringen können, denke ich. Lotti scheint Gedanken lesen zu können:
«Aids bricht fünf, sechs Jahre nach der Ansteckung aus. Mit Durchfall, einer Herpes-Attacke oder Tuberkulose. Irgendwann geht es wieder besser. Drei Monate später bricht abermals eine Krankheit aus. Danach geht es wieder aufwärts. Nach drei Monaten kommt die nächste Attacke. An Aids Erkrankte werden hier oft jahrelang falsch behandelt. Man untersucht alles Mögliche, macht Röntgenbilder und verschiedenste Blutanalysen. Nur den einzig richtigen Test, den auf Aids, macht man nie. Man verkauft schachtelweise Tabletten gegen Schmerzen, Entzündungen, Malaria. Und dies nicht nur, um den Leuten das Geld aus der Tasche zu ziehen, das sie in der Hoffnung auf Genesung überall zusammenbetteln. Sondern weil Aids tabu ist. Auch Germain redet nicht über Aids, gibt keine Testresultate heraus, er kann es nicht.»
«Und dann kommt der Tag, an dem die Menschen kein Geld für weitere Analysen haben und zu dir kommen?»
«In ihrer schönsten Garderobe. Ist dir aufgefallen, dass sie sich für das Ambulatorium richtiggehend herausputzen?»
«Ja. Wenn man sie so sieht, würde man nie denken, dass sie zu sechst in einem einzigen Raum in einer Holzhütte leben.»
«Sie sind stolz. Sie, die ihre Dörfer auf dem Land verlassen haben, um hier Geld zu verdienen, würden ihren Verwandten, die zurückgeblieben sind, nie im Leben sagen, wie schlecht es ihnen hier geht.»

«Es ist mir noch etwas anderes aufgefallen: Die wenigsten sehen unterernährt aus.»
«Das erkläre ich dir später, wenn wir warten. Du wirst sehen, wir werden sehr lange auf den Laboranten warten. Wir haben also Zeit.»

Das Institut ist ein langer, flacher Betonbau. Wir steigen aus, gehen hinein, setzen uns auf Plastikstühle, die den Gang noch enger machen, als er schon ist. Zum Glück ist er nach draussen offen. Und dann – warten wir.
«Also, mit dem Essen ist es so: Sie kochen nährstoffarmen weissen Reis und dazu einen Topf Wasser, dem sie einen Maggi-Würfel zufügen. Maggi – das Zauberwort! Von den Würfeln gibt es nicht einfach Rinds-, Gemüse- oder Hühnerbouillon. Es gibt sie auch mit Crevetten-, Fisch- und ganz neu mit Tomaten-, Zwiebel- und Lammfleischgeschmack. Die Würfel bestehen zu achtzig Prozent aus Tierfetten, Crevetten-, Gemüse- und Fischextrakten. Der Rest sind Salz, Geschmacksverstärker und Gewürze. Null Vitamine, nur Spuren von Eiweiss und Kohlenhydraten, aber – hundert Prozent Geschmack! Maggi-Würfel sind ein Produkt, mit dem sich der Hersteller bei den Ärmsten der Armen eine goldene Nase verdient. Reis mit Sauce lässt die Menschen, obwohl sie Mangelerscheinungen haben und anämisch sind, nicht unterernährt aussehen. Reis vermag das Knurren im Magen erfolgreich zu stillen und ist erschwinglich.»
«Du solltest Werbetexterin werden.»
«Im nächsten Leben vielleicht.»

Lotti lacht.
«Glaubst du an die Reinkarnation?»
«Nein.»
«An was dann?»
«Ich habe keinen religiösen Hintergrund. Ich habe eine Wut im Bauch.»
«Auf die Grosskonzerne?»
«Momentan gerade auf die.»
«Und auf Gott?»
«Im Islam gibt es den Glaubensgrundsatz, dass alles, was Allah macht – die direkte Übersetzung ist übrigens Gott –, richtig ist. Wie oft habe ich ein Kind in den Tod begleitet und danach gedacht: ‹Verdammt, wir haben wieder eines verloren, haben es abermals nicht geschafft, sein Leben zu

retten›, und habe dabei bittere Tränen vergossen. Es waren dann die Eltern, die kamen und sagten: ‹Du hast alles Menschenmögliche getan. Du hast nicht das letzte Wort. Das letzte Wort hat Gott, und du, du bist nicht Gott.› Ich finde es gut, dass die Menschen hier missioniert wurden. Denn die Religion kann eine Stütze sein. Ich akzeptiere jede Religion. Was ich nicht akzeptieren kann, das sind die Evangelisten, die ewig mit der Hölle drohen.»

«Kommt man in den Himmel?»

«Ich glaube, Maryam und Aïcha sind nicht einfach im Himmel, sondern sitzen direkt zur Rechten Gottes.»

Ein schöner Gedanke. Einer, der weitere Fragen hervorruft, ich bin aber nicht sicher, ob ich sie hier in diesem engen Gang, in dem eine Schar Menschen darauf wartet, endlich von einem Laboranten empfangen zu werden, stellen darf.

«Stört es dich, wenn – »

In diesem Moment klingelt Lottis Handy, das sie aus Kostengründen nur im Einzugsgebiet von Abidjan benutzt. Sie kneift die Augen zusammen: «Sie müssen lauter sprechen, ich höre Sie nicht. – Ja, jetzt ist es besser. Wer sind Sie? – Ah, Aïchas Freund. Der im blauen Anzug? – Was wollen Sie? – Ihr das rote Kleid bringen? Nun, dafür hätten Sie lange genug Zeit gehabt, sie hat darauf gewartet, hat jeden Tag danach gefragt, aber jetzt ist es zu spät. – Ja, sie ist gestorben, und wenn Sie einen Funken Menschlichkeit besitzen, dann gehen Sie nach Treicheville in die Leichenhalle, bezahlen das Geld für die Beerdigung und geben ihr das Kleid mit in den Sarg. – Sie wollen nichts bezahlen? – Dann, mein Herr, kommt Aïcha in den Sezierraum. Wie bitte? – Ich soll bezahlen? Sie raten mir – vergessen Sies. Hören Sie, ich kümmere mich um die Lebenden, nicht um die Toten. – Ja, Sie haben richtig verstanden, ich werde keinen Cent in die Hand nehmen, das werden Sie tun, Sie, der es auf junge Mädchen abgeseh… – Verzeihung, das ist mir herausgerutscht, das geht mich nun wirklich nichts an, ich – gut, gut. Ja, das ist gut.»

Lotti beendet das Telefongespräch, hat rote Wangen und sieht sehr zufrieden aus.

«Er wird sie beerdigen.»

«Stimmt es, dass Aïcha in den Sezierraum käme, wenn sich niemand finden würde, der die Kosten für die Beerdigung bezahlt?»
«Ja.»
«Stimmt es, dass du nicht dafür aufgekommen wärest?»
«Ja. Siehst du, ich bezahle schon den Transport von unserer Leichenhalle zu der eines öffentlichen Krankenhauses. Ich kann nicht auch noch für die Beerdigungskosten aufkommen.»
«Dann kommen die meisten deiner Patienten also in die Pathologie?»
«Nein, die Muslime beerdigen ihre Toten kostengünstig und sammeln in den Moscheen laufend Geld für solche Fälle. Und die Christen, die müssen ihre Toten irgendwie ‹standesgemäss› beerdigen, denn sie glauben, dass deren Seele sonst zurückkommt, um sich zu rächen.»
«Betest du?»
«Ja. Aber ich bete nicht kniend vor dem Bett und auch nicht zehnmal den Rosenkranz. Und nie, um etwas zu verlangen, sondern um Danke zu sagen. Danke für den Tag, den ich erleben durfte. Danke dafür, dass Aïcha nicht drei Monate im Koma liegen musste. Danke für – alles. Um etwas allerdings bitte ich doch. Darum, dass er ein Auge auf meine Kinder hat und nicht vergisst, Schutzengel für sie auszusenden. Ich weiss, dass meine Mutter dasselbe für mich tut.»
«Kam sie dich schon einmal besuchen?»
«Mit ihren fünfundsiebzig Jahren? Nein. Sie häkelt. All die Decken im Spital sind von ihr, handgefertigt.»
«Versteht sie, warum du hier und nicht bei deiner Familie bist?»
«Sie versteht, dass ich es brauche, gebraucht zu werden. Ihr geht es ebenso. Sie ist noch rüstig und verbringt ihre Zeit damit, Menschen im Altersheim zu besuchen und ihnen die Langeweile zu vertreiben.»
«Indem sie mit ihnen häkelt?»
«Nein, indem sie mit ihnen einen Jass klopft.»

Die Tür vor uns bleibt geschlossen. Wir warten. Geduld nicht nur zu haben, sondern sich auch gedulden zu können, hat Lotti – ganz zu Anfang unserer Bekanntschaft – einmal gemailt, sei die erste afrikanische Weisheit. Wer hier keine Geduld aufbringt, wird ziemlich schnell verrückt. Ich frage nach Emanuel, den sie heute hatte mitbringen wollen. Es geht ihm gar nicht gut: «Er trinkt kaum noch, wir mussten ihm wieder eine Infusion geben. Ich habe ihn in der Nacht geholt, um Noëlle zu entlasten, er hat geglüht.»

«Magst du darüber reden, was für dich nach dem Tod kommt?»

«Ja. Zeit genug scheinen wir ja zu haben. Kennst du Elisabeth Kübler-Ross?»

«Sicher. Leider habe ich den Film nicht gesehen, der über sie gemacht worden ist.»

«Eine beeindruckende Frau. Ich halte mich sehr an ihre Idee vom Leben nach dem Tod. Elisabeth Kübler-Ross schildert, wie klinisch tote Menschen, die wiederbelebt werden konnten, in etwa immer dasselbe erzählten: Sie wollten nicht ins Leben zurückkehren, fühlten sich befreit. So wie eine Raupe, die endlich aus ihrem Kokon schlüpfen und sich als Schmetterling entfalten kann. Der Körper, davon bin ich überzeugt, ist für die Seele ein Gefängnis. Der Tod endet für mich im ewigen Leben. Mit der Geburt kommen wir in einen Tunnel, wenn wir sterben, verlassen wir ihn wieder. Danach kommt viel Licht. Ein warmes Licht, nichts Grelles, Scharfes, Lautes. Eine völlig entspannte Atmosphäre. Das zumindest berichteten die Kübler-Ross-Patienten.»

Lotti schmunzelt.

«Genügt dir das?»

«Werbetexterin, ich sags ja! Was ist mit der Hölle?»

«Die Hölle? Gibt es für mich nicht. Für mich gibt es das Fegefeuer. Dort kommen wir alle hin. Sogar die Pfarrer. Je nachdem, wie ein Mensch gelebt hat, wartet er dort nur ein paar Stunden auf das Paradies – ein blödes Wort, ich sage lieber auf das ewige Leben – oder eben Jahrzehnte. Das muss so sein, denn irgendwo muss sie ‹hocken›, die Gerechtigkeit. Irgendwo muss ich sicher wissen, dass Maryam und Aïcha sich schon nach einer Minute Fegefeuer zu Gott hinsetzen durften. Stirbt jemand, dann bete ich darum, dass er nicht zu lange im Fegefeuer bleiben muss.»

«Was ist mit den Kindern?»

«Die nehmen den direkten Weg, klar, oder?»

«Glasklar, irgendwo muss sie ja schliesslich sein, die Gerechtigkeit.»

«Schau, da kommt die Assistentin des Laboranten.»

Lotti steht auf, geht auf die Frau zu, begrüsst sie, kommt zurück.
«Er kommt nicht.»
«Wer?»
«Wer wohl? Der Laborant.»
«Aber du hast doch heute einen Termin.»
«Nun, wir werden einfach morgen wieder kommen.»

Lotti klärt ihre Patienten über den Stand der Dinge auf, nimmt ihre Handtasche, geht in Richtung Ausgang. Nein, sie ist nicht sauer. Es ist einfach, wie es ist. Gerade als sie zur Tür hinausgehen will, hört sie hinter sich ihren Namen: «Lotti!» Sie dreht sich um, begrüsst strahlend einen sympathischen, nicht gerade gross gewachsenen Mann, der eine Ruhe ausstrahlt, die schon fast träge zu nennen ist: Dr. Henri Chenal. Lotti erzählt ihm, dass sie vergebens gekommen ist. Dr. Chenal zuckt mit den Schultern. Lotti auch. Die beiden kennen Afrika.

Lotti fragt ihn, ob er fünf Minuten für sie Zeit habe, er nickt. Sie gibt ihren Patienten zu verstehen, sie müssten nochmals ein wenig warten, winkt mich zu sich, stellt mir Dr. Chenal vor. Wir betreten ein Behandlungszimmer.

Die beiden sitzen sich gegenüber. Lotti erzählt von Emanuel, der momentan noch keine Dreifachtherapie bekomme, dem es aber elend gehe. «Sein Leben», klagt sie, «zerrinnt mir zwischen den Fingern.» Dann erzählt sie von Noëlle und Chantal, fragt, wie sie es anstellen soll, damit die beiden ins Dreifachtherapie-Projekt aufgenommen werden. Dr. Chenal wirkt müde, ist blass. Ich erkenne, dass die scheinbare Trägheit nicht Trägheit, sondern Desillusion ist. Er scheint Lotti zu mögen, hört ihr aufmerksam zu. Lobt sie dann für die Bluttransfusionen, so bekomme wenigstens Chantal eine Chance. Bei Noëlle sehe er, solange der Durchfall nicht aufhöre, keine. Er bietet Lotti an, Emanuel anzuschauen, und fragt, was er sonst für sie tun könne.
«Wüsstest du mir einen Arzt, der mit Aids Erfahrung hat und der ab und zu bei uns im Spital vorbeischauen könnte?»
«Ja. Aber er wird nach dem …»
«… Lohn fragen, ich weiss, vergiss es. Aber vielleicht kannst du mir sonst helfen. Ich brauche dringend Kochsalzlösung. Die vielen Infusionen, die

wir in den letzten Tagen gemacht haben, frassen unsere Vorräte auf, und aus dem Zoll bekomme ich im Moment nichts heraus.»

«Was ist mit dem Krankenwagen?»

«Germain kümmert sich darum, investiert Stunden. Soviel ich weiss, ist er keinen Schritt weitergekommen.»

«Also, Kochsalzlösung brauchst du. Gut, ich werde dir welche besorgen.»

Dr. Chenal greift nach dem Telefonhörer, gibt eine Nummer ein, lehnt sich im Stuhl zurück, streicht seine grauen Haare nach hinten und legt dann los:

«Hallo! Wie gehts? Gut? Gut. Du, hör zu, ich habe eine Freundin hier, die ein Sterbespital leitet und dringend NaCl für Infusionen braucht, kannst du ihr welches besorgen? Ja? Gut. Zu welchem Preis? Spinnst du! Vergiss es, ich werde mich an – du kannst ihr entgegenkommen? Wie viel willst du? Zu viel, ich – gut, tönt schon besser, jetzt kommen wir der Sache näher. Ja, ja, es ist Lotti, wieso kennst du Lotti? Ah, du hast schon von ihr gehört. Logisch, wer hat nicht von ihr gehört. Ja, es ist für sie, ja in Adjouffou. Wann? Gut. Aber ich sage dir eines, behandle sie anständig, wenn sie auch nur ein Wort darüber verliert, du habest sie über den Tisch gezogen, dann bekommst du es mit mir zu tun. Verstanden, Schlitzohr? Gut.»

Auf der Rückfahrt frage ich Lotti, warum Dr. Chenal nicht ab und zu persönlich bei ihr im Spital vorbeischaue. Sie klärt mich darüber auf, dass er Tag und Nacht in seinem Forschungszentrum arbeite, das für ihn ebenso wichtig sei wie das eigene Kind. In Adjouffou angekommen, essen wir am Kiosk – Lotti Fisch und Reis, ich nur Reis.

Im Ambulatorium stehen bereits ein paar Menschen vor Lottis Büro. Der Erste ist der ehemalige Chauffeur der Familie Latrous. Er besucht Lotti hin und wieder, um ihr zu versichern, er habe nicht aufgehört zu beten, dass Monsieur Latrous bald wieder nach Abidjan zurückversetzt werde. So kurz die Begegnung, so herzlich ist sie.

Der Nächste, der hereinkommt, braucht mehr Zeit. Er heisst David und ist Vater eines gehörlosen Kindes, dessen Ausbildung vom Centre Espoir bezahlt wird. Der Vater möchte seinen Sohn aus der Gehörlosenschule nehmen, meint, zwei Jahre seien genug, er wolle nicht, dass er noch ein drittes Jahr von zu Hause weg sei. Lotti sagt für einmal nicht: «Es ist deine

Entscheidung», sondern legt sich für den Jungen eine geschlagene halbe Stunde ins Zeug. Als der Vater das Büro verlässt, muss ihm die Idee, seinen Sohn aus der Schule zu nehmen, in etwa so abstrus vorkommen wie die, einen Pinguin in der Sahara auszusetzen.

Die Nächste in der Reihe ist eine Frau, die als Erstes die Hand ihres Kindes von den Schultern schlägt.

«Sei nett mit deinem Kind!»

«Es ist mir zu viel. Es ist mir alles zu viel!»

«Erzähl, was ist?»

«Mein Mann wurde von Soldaten ermordet. Ich habe nur noch das, was ich auf dem Leib trage. Ich fühle mich krank, verliere Gewicht, schlafe nicht. Ohne Schlaftabletten kann ich gar nicht mehr schlafen.»

«Woher hast du die Schlaftabletten?»

«Von einer Freundin.»

«Hör mit den Schlaftabletten sofort auf, sonst schläfst du nie mehr ohne! Nimm, wenn überhaupt, nur alle drei Tage eine. Hörst du mir überhaupt zu? Ich erkläre es nicht ein zweites Mal!»

«Ich, nun – »

«Wir werden dich untersuchen, werden herausfinden, ob deine Sorgen dich nicht schlafen lassen oder eine Krankheit. Kannst du dir vorstellen, am Dienstag für einen Bluttest vorbeizukommen?»

«Ja, ich komme.»

«Gut, dann bis Dienstag. Salut und vergiss nicht, nett mit deinem Kind zu sein.»

Lotti schaut der Frau nach und macht, als ein junger Bursche in ihrer Tür erscheint und sie auf Deutsch begrüsst, grosse Augen.

«Sie können Deutsch?»

«Ja, ich bin in Deutschland gewesen, in Leipzig.»

«Haben Sie dort studiert?»

«Ja, Sportlehrer.»

«Und – was führt Sie zu mir?»

«Meine kleine Schwester. Ich möchte Sie fragen, ob sie in Ihrem Sterbespital ein Praktikum machen dürfte.»

«Das wird schwierig werden. Es kommen viele, die hier arbeiten wollen und – aber wissen Sie was? Sie soll doch einmal persönlich vorbeikommen, dann kann ich sie kennen lernen.»

«Sie wird Ihnen gefallen. Sie ist wie Sie.»

«Sie ist wie ich? Fünfzig und weiss? Fünfzig ginge ja noch, aber als Weisse kann sie eine Anstellung glatt vergessen.»

Lottis Lachen ist unbeschreiblich.

«Würden Sie mir Ihre Telefonnummer geben, dann könnte meine Schwester Sie anrufen und –»

«Keine Telefonnummer, sie soll vorbeikommen. Arbeiten Sie hier als Sportlehrer?»

«Ja.»

«Wie alt sind Ihre Schüler?»

«Zwischen dreizehn und fünfzehn.»

«Viele?»

«Viele.»

«Könnten Sie einmal alle an einem Nachmittag versammeln?»

«Für was?»

«Aufklärung.»

«Aufklärung?»

«Alles über Aids. Wir werden über Sexualität reden, die Verhütung, einfach alles. Zuerst mit den Jüngeren, danach mit den Älteren. Ich will sie sensibilisieren. Und sie sollen mich alles fragen, was ihnen in den Sinn kommt.»

«Und Sie geben auf alles eine Antwort?»

«Auf alles, ich bin schliesslich eine verheiratete Frau.»

«Ich werde es organisieren.»

«Gut, dann gebe ich Ihnen meine Telefonnummer.»

«Ach, so funktioniert das?»

«Genau. Aber rufen Sie mich nicht nach acht Uhr an, dann schlafe ich.»

Als Nächstes kommt ein Elternpaar mit seinem behinderten Sohn, den Lotti zärtlich in die Arme schliesst und mit dem Kosenamen «Momo» anredet. Momo hatte als Baby eine Hirnhautentzündung. Seither ist er körperlich wie geistig schwerstbehindert. Dank Lotti hat er eine Sitzhilfe bekommen und dank ihrer stundenlangen Aufklärung darüber, wie sehr er seine Eltern braucht, auch deren Liebe. Behinderte Kinder werden hier nämlich oft so vernachlässigt, dass man sie nicht einmal berührt. Momos Mutter zeigt Lotti ein Foto ihres Sohnes, das nach der Anpassung der Sitzhilfe im Spital aufgenommen worden ist, und schenkt es ihr. Lotti bedankt sich und meint: «Vergiss nicht, maman, du kannst ihn zwei Tage in der Woche ins Espoir d'Eux bringen, damit du dich erholen kannst.»

Nachdem Lotti den Kleinen mit einem Kuss auf die Stirn verabschiedet hat, kommt eine Frau mit zwei entzückenden Kleinen herein. Es sind Zwillinge, die vor zwei Jahren zu früh geboren worden sind und eigentlich in den Brutkasten hätten kommen müssen. Doch dazu fehlte das Geld. Lotti erklärte der Mutter, wie sie mit Hilfe von Watte, Licht und in Pet-Flaschen abgefülltem heissem Wasser selbst eine Art Inkubator bauen konnte. Sie gab ihr zwei Flaschen und Babynahrung mit, um die kraftlosen Wesen zu füttern. Die Mutter, das wird schnell klar, ist heute mit ihren Söhnen hier, um zu zeigen, wie gross und stark diese in der Zwischenzeit geworden sind. Als in Lottis Büro Ruhe einkehrt, sagt Lotti – mehr zu sich selbst als zu mir: «Dass die Eltern kein Geld hatten, war vielleicht sogar ein Segen.»

«Warum?»

«Adelaide, sie hatte selbst zu früh geborene Zwillinge, die auch in den Brutkasten mussten, erzählte mir, nun – ich weiss nicht, ob ich dich mit dieser Geschichte nicht an deine Schmerzgrenze bringe.»

Ich will es im Moment lieber nicht darauf ankommen lassen. Vielleicht werde ich Adelaide in den paar Stunden, die mir hier noch bleiben, danach fragen. Vielleicht auch nicht.

Wir setzen uns ins Auto und fahren – an den drei heute unglaublich schmutzigen Hühnern vorbei – ins Spital. Dort empfängt uns YaYa mit einem weinenden Emanuel. Lotti nimmt ihn auf den Arm, spricht leise auf ihn ein. Der Kleine ist sofort ruhig, legt seinen Kopf an ihre Schulter. Wenn er ein Kater wäre, würde er jetzt wohl schnurren, denn das Fieber wie auch der Durchfall, so versichert uns YaYa, hätten endlich, endlich nachgelassen. Ich nutze die Gelegenheit, ein paar Worte mit YaYa zu wechseln, möchte wissen, was ihn dazu gebracht hat, hier zu arbeiten. «Lotti lernte ich beim Bau des Sterbespitals kennen, wo ich als Betonschlepper arbeitete. Bei mir habe ich gedacht: ‹Diese Frau ist ein so wertvoller Mensch. Ich würde gerne bleiben.›» Daraufhin fragte er sie, ob sie ihn brauchen könne. «Lotti wollte wissen, ob ich Erwachsenen die Windeln wechseln, Erbrochenes aufputzen und schmerzverzerrte Gesichter ertragen könne, und ich antwortete: ‹Ich möchte es ausprobieren.›»

Von Lotti weiss ich, dass YaYa diese Chance nur bekam, weil sich einer der neuen Mitarbeiter abgesetzt hatte. Mit allen anderen hatte sie eine glückliche Hand. YaYa hat die Herausforderung gepackt, der Siebenundzwanzigjährige meint heute: «Die ersten Tage waren schwierig, aber danach kam es gut. Inzwischen ist es für mich einfach normal, die Menschen zu pflegen, die niemand mehr haben will, oft nicht einmal mehr die eigenen Eltern.»

An dem Morgen, als die Soldaten hier im Slum waren, habe ich YaYa gefragt, wonach sie die Passanten gefragt hätten. Er klaubte ein in durchsichtige Folie eingepacktes Stück weisses Papier aus seiner Hosentasche: seine Identitätskarte. Sie weist ihn als Staatsbürger der Elfenbeinküste aus und ist somit oft Gold wert.

YaYa entschuldigt sich jetzt mit den Worten, er wolle Felix aus dem Zimmer holen, um ihn an die frische Luft zu bringen. Drei Minuten später sehe ich das Bild, dem ich schon vor Tagen einen Titel gab: ‹YaYa und der blinde Felix auf ihrem gemeinsamen Weg›. Es steht für das, was hier passiert, für das, was Lotti vorlebt. YaYa geht nicht neben Felix her und führt ihn, er steht auch nicht hinter ihm und stösst ihn. Nein, er geht vor ihm, hält Felix' Hände in seinen und – zieht ihn. Felix gibt dabei das Tempo an. Jeden Tag geht es etwas schneller, jeden Tag entwickelt der Blinde mehr Vertrauen.

Ich gehe in die Spitalzimmer, finde Lotti an Leas Bett. Lea will morgen definitiv nach Hause. Dr. Gnode, sagt sie, habe es ihr erlaubt. Lotti meint, sie finde, es sei noch etwas früh, aber sie werde es ihr sicher nicht verbieten: «Wenn du gehen willst, Lea, dann gehe.»

Noëlle liegt wach in ihrem Bett, lacht heute sogar. Die Aussicht darauf, eventuell am Dreifachtherapie-Projekt teilzunehmen, weckt zusehends ihren Lebenswillen, was sich ganz offensichtlich positiv auf die Befindlichkeit ihres Sohnes Emanuel auswirkt. Die symbiotische Verbindung der beiden macht das Leben für den Kleinen jetzt gerade leichter. Was morgen oder übermorgen ist, steht auf einem anderen Blatt.

Lotti kommt zu mir, sagt, sie werde Chantal noch eine Fussmassage machen, dann würde sie mich gerne ein letztes Mal auf den Nachtmarkt einladen. «In der Zwischenzeit könntest du mit Therese sprechen, sie hat nach dir gefragt.» Therese ist eine Frau, die ich bis jetzt nur flüchtig kennen gelernt habe. Ich gehe zu ihr, setze mich aufs Bett und staune darüber, wie schön ihr Lachen trotz der schlechten Zähne ist.

«Lotti erzählte mir, du würdest bald gehen.»

«Ja, morgen Abend.»

«Das ist schade. Kommst du wieder?»

«Ich weiss es noch nicht. Vielleicht. Ich werde aber mit Lotti in Kontakt bleiben und fragen, wie es euch allen geht.»

«Hier geht es uns gut. Auch wenn wir leiden und die Schmerzen unseren Körper zerfressen. Hier gibt es immer etwas zu essen. Dreimal am Tag! Und es ist ein so schönes Haus – oder?»

«Ja, sehr schön. Wie lange bist du schon hier?»

«Eine Woche, zwei? Ich weiss es nicht. Es ist nicht das erste Mal, ich war schon früher einmal hier, als das Spital gerade eröffnet wurde. Ich wohne in Vridi Canal, und einmal hatte ich Tuberkulose. César brachte Lotti zu mir und sie mich gleich hieher. Sobald ich wieder gesund war, ging ich zurück. Und als es wieder schlechter ging, kam César und sagte: ‹Ich bringe dich zu Lotti.› Aber Lotti war in Kairo, und deshalb antwortete ich: ‹Ich bleibe, wo ich bin.› Und er: ‹Dann stirbst du, Therese!›, woraufhin ich erwiderte: ‹Und wenn ich sterbe! Ich gehe erst ins Spital, wenn Lotti wieder da ist.›»

«Und dann?»

«Dann wurde es schlimm, weil der Regen kam und das Dach meiner Hütte nicht dicht war. Ich konnte nicht mehr liegend schlafen, sonst wäre ich nass geworden. Also schlief ich sitzend. Trotzdem ging ich erst ins Spital, als sie endlich aus Kairo zurück war.»

«Hast du Kinder?»

«Ja, das Jüngste ist, genau wie mein Mann, gestorben. Die anderen sind fünfzehn, achtzehn und einundzwanzig Jahre alt. Seit ich ihnen gesagt habe, dass ich aidskrank bin, wollen sie nichts mehr von mir wissen. Lotti ist ein Engel, hast du das bemerkt?»

«Ja, aber sie selbst will davon nichts hören.»

«Ich weiss, aber das ist mir gleichgültig. Ich sage es ihr immer wieder: ‹Du bist ein Engel, weil du uns alle liebst.›»

Als ich Lotti auf dem Nachtmarkt davon erzähle, schmunzelt sie, tastet mit ihren Händen über dem Kopf nach etwas Wertvollem und meint: «Kein Heiligenschein, oder?»

«Nein, aber den brauchst du auch nicht. Man sieht es deinen Augen an, dass du eine gute Seele hast – übrigens, wo denkst du, wohnt die Seele?»

«Die Seele?»

«Ja.»

«Sie ist unser wichtigstes Organ, aber – man findet es nicht. Auf keinem Röntgenbild und nicht mit Ultraschall. Man fühlt es nur. Wenn wir traurig sind, dann geht es nicht unserem kleinen Finger schlecht, sondern unserer Seele. Wenn ich glücklich bin, dann geht es nicht meiner Lunge gut, sondern meiner Seele. Wenn ich leide, weil jemand gestorben ist, dann schmerzt die Seele. Und das Herz. Für mich ist die Seele dort, wo das Herz ist. Ich glaube, ich habe meine eigene Seele früher nicht so gut gekannt. Ich hatte schon Gefühle, aber die waren nie so tief wie die, die ich heute empfinde. Was logisch ist, weil mir früher noch nie ein Kind in den Armen gestorben war. Hier sind es jedes Jahr ein Dutzend. Und jedes Mal zerreisst mich der gleiche Schmerz, jedes Mal ist es derselbe stille Schrei.»

«Jedes Mal dieselbe Frage?»

«Ja, jedes Mal. Hätte ich von den Muslimen nicht gelernt, dass alles, was Gott macht, gut ist, ich hätte nicht die Kraft, wäre schon längst zusammengebrochen.»

«Du hast Espoir Un und Espoir d'Eux auch eine gegeben.»

«Eine Seele? Das kommt davon, dass meine Zentren nicht steril sind. Kein steriles Essen, keine sterilen Toiletten, keine sterile Küche – manchmal ist sie allerdings so himmelschreiend unaufgeräumt, dass ich die Küchencrew energisch zur Ordnung aufrufen muss. Egal. Hauptsache, es ist Leben darin. Ja, ich liebe die Atmosphäre in beiden Zentren sehr. Ich gab auch den verschiedenen Häusern, die wir bewohnten, und dem heutigen Zuhause in Kairo ein Ambiente, aber vergiss nicht: Ohne finanzielle Mittel geht das schlecht. Geld allein macht sicher nicht glücklich, aber es ermöglicht den Luxus, schön zu wohnen, dreimal am Tag anständig zu essen, Zeitungen zu abonnieren, sich zu informieren.»

Bevor ich an diesem Abend einschlafe, sortiere ich die Kleider aus, die ich hier lassen will. Den Rest packe ich in meine Tasche. Als ich mich hinlege, wird mir schmerzlich bewusst, dass ich – auch wenn ich morgen Abend allen «au revoir», sagen werde – die wenigsten wiedersehen werde. Nicht weil ich nie mehr kommen will, sondern weil viele der Leben hier für lange Abschiede zu kurz sind.

Samstag, 21. Juni 2003

Lotti hat an diesem letzten Tag einiges mit mir vor. Sie will unbedingt ins Internet-Café, um ihre Mails zu lesen. Normalerweise tut sie dies zweimal die Woche. In den Tagen, in denen ich hier war, hatte sie dafür aber keine Zeit gefunden. Dann will sie mir das Mutter-Teresa-Krankenhaus zeigen, und schliesslich möchte sie mich, auf dem Weg zum Flughafen, noch Monsieur Grogba vorstellen. Monsieur Grogba, dem Latrinenputzer.

Zuerst also ins Internet-Café. Es befindet sich an Abidjans Peripherie in einem Einkaufszentrum, einer kleinen Pracht, von der viele, die ihre Dörfer verlassen haben und jetzt im Slum wohnen, nur träumen können. Es gibt ein Einrichtungsgeschäft mit einem gläsernen Schachbrett, Kristallleuchtern und blattgoldenen Aschenbechern. Daneben ein Geschäft von Chicco, dem Kinderwarenladen, dessen fraglicher Werbeslogan «Überall, wo Kinder sind» auch hier den Eingang ziert.

Als ich von meiner Erkundungstour durch den Luxus ins Internet-Café zurückkomme, sitzt Lotti immer noch am Computer. Er ist ihr direkter Draht zur Aussenwelt. Allem voran zu ihrem Mann. «Ich weine oft regelrecht in die E-Mail, schreibe mir den ganzen Kummer vom Leib, und Aziz gibt mir auf jeden einzelnen meiner Sätze eine Antwort. Er ist eine unglaubliche Stütze.»

Da wir das Frühstück heute Morgen ausgelassen haben, gehen wir in den Schnellimbiss, der sich gleich beim Ausgang des Zentrums befindet, genehmigen uns zwei Croissants und zwei Cappuccini. So zumindest steht es auf der Karte: Cappuccino.

«Du hast gesagt, du hättest heute noch Fragen an mich.»

«Magst du Hamburger?»

«Du meinst wegen unseres Rituals, zu ‹McDonald's› zu gehen, wenn ich nach Kairo komme?»

«Hm.»

Ich wische mir den Milchschaum von den Lippen.

«Nicht sonderlich, aber eben – es ist nun einmal ein Ritual. Mein Flug geht abends, Aziz holt mich morgens um sechs auf dem Flughafen in Kairo ab. Wenn ich zu Hause angekommen bin, ist Sarah schon in der Schule. Ich nehme eine Dusche, esse eine Kleinigkeit und gehe ins Bett. Sobald Sarah zwischen zwei und vier Uhr, je nach Schulschluss, nach Hause kommt, weckt sie mich. Dieser Moment ist immer besonders schön. Sarah setzt sich auf mein Bett, wir plaudern ein bisschen, und dann gehen wir zu ‹McDonald's›, und ich geniesse den Nachmittag mit ihr.»

«Und dann?»

«Gehen wir nach Hause und warten auf Aziz. Wenn er kommt, bummeln wir zu dritt zum kleinen Restaurant, das sich in unserer Strasse befindet, und essen dort das beste Hühnchen der Welt. Am zweiten Tag beginne ich dann zu funktionieren und gehe einkaufen. Blumenkohl für Sarahs Lieblingsgericht Blumenkohlgratin, gemahlene Haselnüsse und Konfitüre für Aziz' Lieblingsdessert Linzertorte. Kochschokolade für Schokoladenmousse, kiloweise Mehl und schachtelweise Eier, damit ich einen neuen Vorrat an selbst gemachten Spätzli einfrieren kann. Am Morgen allerdings schlafe ich – wenigstens die ersten drei bis vier Tage – aus. In Kairo kommt die Müdigkeit jedes Mal, weil ich mich gehen lassen kann. Es ist immer derselbe Rhythmus. Ich schlafe, gehe einkaufen, pflege die Hunde – wir haben nach wie vor zwei. Ich wasche, bügle, koche, putze, und wenn Sarah nach Hause kommt, sagt sie: ‹Mami, ich kann riechen, dass du hier bist.›»

«Blumenkohlgratin und Linzertorte.»

«Und frisch gewaschene Gardinen. Zu Beginn meinte Aziz, wenn ich ankam: ‹Lotti, komm, wir machen ein Fest, ich lade Freunde ein und mache einen Couscous.› Ich erwiderte: ‹Couscous ist eine gute Idee, aber koch nicht einen für zwanzig Leute, sondern nur für uns drei. Ich möchte mit euch sein. Allein.› Am Tag, wenn die beiden bei der Arbeit und in der Schule sind, treffe ich ab und an meine beiden besten Freundinnen. Gelegentlich lade ich zwei befreundete Paare zum Abendessen ein. Sonst will ich niemanden sehen. Ich will meine Zeit nicht damit vergeuden, zuhören zu müssen, wer wen mit wem betrügt oder welche Mutter warum auf eine andere sauer ist. Bin ich in Kairo, geht Aziz keine abendlichen

Verpflichtungen ein. Er hat akzeptiert, dass mein soziales Leben in Abidjan und nicht in Kairo stattfindet.»

«Was bedeutete früher Glück für dich, was bedeutet es heute?»

«Diese Frage hätte ich dir vor ein paar Jahren sehr gut beantworten können. Ich war mit Mann und Kindern oft glücklich, sehr glücklich. Inzwischen habe ich gelernt, dass es auch noch eine andere Art von Glück gibt.»

«Ist Glück vielleicht das falsche Wort für das, was du hier in Abidjan empfindest?»

«Hast du ein anderes?»

«Erfüllung, vielleicht?»

«Gut. Ja, das hier gibt meinem Leben Sinn.»

«Und deine Kinder?»

«Kinder, davon bin ich überzeugt, dürfen nicht zum Sinn des Lebens werden. Versteh mich nicht falsch, ich liebe meine Kinder über alles, aber – sie sind nicht der Sinn meines Lebens. Meine Kinder wurden mir nicht geschenkt, sie wurden uns Eltern geliehen. Mit der Verantwortung, sie zu eigenständigen, ehrlichen, respektvollen Erwachsenen zu erziehen. Kinder leben irgendwann ihr eigenes Leben, in das wir Eltern sie nur dann wirklich entlassen können, wenn wir sie nicht zum Sinn unseres Lebens und damit zu unserem Eigentum gemacht haben.»

«Khalil Gibran, der Prophet – »

«Ich kenne das Gedicht, wunderschön, nicht?»

Lotti beginnt zu rezitieren:

«‹Deine Kinder sind nicht deine Kinder.›»

«Genau! ‹Sie sind die Söhne und Töchter von des Lebens Verlangen nach sich selber›.»

«‹Sie kommen durch euch, doch nicht von euch; und sind sie auch
bei euch, so gehören sie euch doch nicht.›»

«‹Ihr dürft ihnen eure Liebe geben, doch nicht eure Gedanken,
denn sie haben ihre eigenen Gedanken.
Ihr dürft ihren Leib behausen, doch nicht ihre Seele,
denn ihre Seele wohnt im Hause von morgen, das ihr nicht zu
betreten vermöget, selbst nicht in euren Träumen.›»

«‹Ihr dürft euch bestreben, ihnen gleich zu werden, doch sucht nicht,

sie euch gleich zu machen. Denn das Leben läuft nicht rückwärts, noch verweilet es beim Gestern …› – »
«Wieso kannst du es auswendig, Gabriella?»
«Wir haben es bei der Taufe unserer Tochter vorgelesen, und seither habe ich es mir immer wieder zu Gemüte geführt, vor allem jetzt, wo sie in der Pubertät steckt. Und du?»
«Ich habe mich damit getröstet, als ich noch unter den Vorwürfen litt, ich würde meine Kinder nicht lieben.»
«Heute leidest du nicht mehr darunter?»
«Weniger, viel weniger. Heute können mich die Gedanken anderer nicht mehr so verletzen. Ich bin härter geworden. Und frecher. So wie ich Aïchas alten Typen in den Senkel gestellt habe, das hätte ich mir früher nicht erlaubt. Komm, wir gehen ins Mutter-Teresa-Krankenhaus.»
«Noch zwei Fragen?»
«Gut.»
«Kommt dich deine Familie hier besuchen?»
«Immer wieder! Das nächste Mal im August.»
«Auch deine beiden grossen Kinder?»
«Selbstverständlich. Sonia beispielsweise freut sich nicht nur, mich zu sehen, sie freut sich auch auf Bouba, sie mag ihn sehr. So, das waren sie, die zwei Fragen, oder?»
«Nicht ganz, die zweite wäre eigentlich die gewesen: Hast du keine Angst, dich anzustecken?»
«Nein.»
«Wieso nicht?»
«Ich weiss es nicht, ich bin einfach davon überzeugt. So, und jetzt pack deinen schönen orangen Kugelschreiber ein, wir gehen!»

Einsteigen, losfahren! Bald schon sehe ich die Skyline der Wirtschaftsmetropole und gleichzeitig Lottis entsetztes Gesicht.
«Was ist los?»
«Ich kann nicht schalten.»

Lotti hebelt wie verrückt an ihrer Gangschaltung herum, die sich aber kaum mehr bewegen lässt.
«Ähm.»

«Was ähm? Sag mir lieber, was ich tun soll.»
«Kuppeln!»
«Ich kupple doch schon längst.»

Nun versuche ich, den Gang herauszunehmen. Da ich beide Hände zu Hilfe nehmen kann, gelingt es mir auch und ich schalte vom Vierten in den Dritten. Dort bleibt er, bis zur nächsten Kreuzung. Abermals kann Lotti nicht schalten, sie schaut mich an, zeigt mit einer leichten Kopfbewegung hin zum Getriebe, lässt mich machen. Die Anstrengung, den Wagen in den zweiten Gang herunterzubekommen, ist ungleich grösser als vorher, treibt mir den Schweiss auf die Stirn. Lotti schimpft, nimmt ihr Handy, drückt eine gespeicherte Nummer, fragt, ob sie das Auto vorbeibringen könne. «Jetzt gleich.» Sie erhält ein Ja und atmet auf.
«Vergiss das Mutter-Teresa-Krankenhaus, wir fahren zu Giglio.»
«Deinem Mechaniker?»
«Wie hast du das bloss erraten?»
«Wie lange wird das dauern?»
«Bis wir dort sind? Fünfzehn Minuten.»
«O Gott, ob wir das schaffen?»
«Ich schalte jetzt mal die Warnblinkanlage ein.»
«Gute Idee. Und viel zu hupen, wäre auch nicht schlecht, denn aus dem Zweiten kriegen wir ihn nie mehr raus.»

Mit immer wieder stotterndem Motor und zwanzig Stundenkilometern schleichen wir auf Abidjans Schnellstrasse in Richtung Giglio. Dass wir dabei einen französischen Militärkonvoi passieren, gefällt uns gar nicht. Vor jedem Rotlicht oder jeder verstopften Kreuzung rast der Puls von uns beiden. Wenn Lotti es geschafft hat, im zweiten Gang wieder loszufahren, ohne den Motor abzuwürgen, beruhigt sich unser Herzschlag ein bisschen. Aber dann, wie ein Auto neben uns die Fahrt verlangsamt, galoppiert er wieder davon. Zumindest meiner.
«Auch das noch! Polizei.»

Lotti lacht mich nicht an. Sie lacht mich aus.
«Die Polizisten sind doch hier nicht weiss! Das ist ein Freund!»

Sie kurbelt das Fenster hinunter, und während sie mit ihm spricht, wundere ich mich, dass sie hier tatsächlich jeden zu kennen scheint.

Nachdem sie ihm Adieu gesagt hat, erklärt sie mir, dass die Polizei sie weder hier noch sonst irgendwo nervös mache.
«Mich schon.»
«Flirte einfach mit ihnen.»
«Nun, das tue ich, aber das nützt leider nicht immer.»
«In diesem Fall musst du zu weinen beginnen.»
«Wie bitte?»
«W-e-i-n-e-n!»
«Lotti, pass auf, da vorne!»

Lotti drückt auf die Hupe, was den Wagen vor uns tatsächlich veranlasst, den Weg freizumachen. Aus dem rechten Augenwinkel sehe ich ein Restaurant-Schild, das ein komplettes Menü für fünftausendfünfhundert CFA anbietet. Damit würde eine Mutter im Slum Nahrung für ein paar Tage einkaufen können.
«Wie war das? Du weinst, wenn flirten nichts nützt?»
«Ich wäre eine gute Schauspielerin geworden, das sag ich dir. Weinen nützt bei mir immer.»

Wir schaffen es. Der Italiener, der nahe von Venedig aufgewachsen ist, erwartet uns schon, begrüsst Lotti mit zwei Küssen. Ein älterer Herr mit Bauch, Brille und viel italienischem Charme. Dank einem seiner Mitarbeiter wissen wir schnell, wo das Problem liegt.
«Lotti, er hat kein Öl mehr!»
«Warum? Du hast doch vor ein paar Monaten Öl aufgefüllt?»
«Dein Mitsubishi hat Jahrgang 1990, vergiss das nicht! Und er hat bereits zweihundertneunzigtausend Kilometer auf dem Buckel. Er braucht dringend eine neue Ölwanne. Nur finde ich die hier nicht so schnell, das weisst du, und du weisst auch, dass er es nicht mehr lange macht.»
«Er muss! Wenn er aussteigt, bevor ich den Krankenwagen habe, stehe ich da wie der Esel am Berg.»

Giglio scheint informiert zu sein.
«Ist er immer noch nicht freigegeben worden?»
«Nein.»
«Unglaublich! Aber so ist es im Moment. Es läuft alles nicht mehr so wie einst. Auch bei mir nicht. Ich habe keine Kunden mehr, weil die Auslän-

der die Elfenbeinküste fluchtartig verlassen haben. Im September, so habe ich gehört, wollen die Firmen ihre Tore wieder öffnen. Wie auch immer, ich drücke dir die Daumen, aber jetzt zu deinem Mitsubishi: Er ist alt. Genau wie ich. Er braucht Öl. Ich –»

«Du auch?»

Giglio lacht.

«Nein, ich bevorzuge Johnny Walker. Und jetzt mache ich Mittagspause. Ich bin kein Heiliger wie du und arbeite durch, ich nicht!»

«Ich bin auch keine Heilige, sonst wäre mein Auto ja nicht kaputtgegangen.»

«Wärest du keine, hättest du es nie und nimmer hierher geschafft!»

Ein Argument, das sogar Lotti einzuleuchten scheint. Nachdem das Öl aufgefüllt ist, fahren wir wieder los. Das Mutter-Teresa-Krankenhaus müsse ich, wenn ich Monsieur Grogba noch kennen lernen und allen auf Wiedersehen sagen wolle, jetzt leider vergessen, meint Lotti.

So fahren wir zurück nach Adjouffou. Dass ihr Mann jedes Jahr mindestens zweitausend Schweizer Franken in den Mitsubishi investiert, erfahre ich erst, als ich wieder zu Hause bin und Lotti mir in einer E-Mail schreibt, die Ölwanne sei ausgewechselt worden.

Als wir zur Kreuzung kommen, an welcher Lotti normalerweise von der Hauptstrasse auf die holprige Sandstrasse, die zum Ambulatorium führt, abbiegt, fährt sie einfach weiter. Meinen fragenden Blick beantwortet sie mit:

«Es ist besser, wir fahren jetzt gleich zu Monsieur Grogba, dem Latrinenputzer, wer weiss, vielleicht springt mein Auto danach nicht mehr an, und dann hast du ihn nicht kennen gelernt, was schade wäre.»

«Gut. Aber – was ist, wenn dein Auto später tatsächlich nicht mehr fährt? Ich meine, ich muss ja irgendwie noch zum Flughafen kommen.»

«Kein Problem, dann nehmen wir ein Taxi.»

«Ja, bravo!»

Fünf Minuten später halten wir direkt an der Hauptstrasse an. Lotti redet mit einem Mann, der Kühlschränke verkauft, die in der Schweiz nicht als solche durchgehen würden. Als wir weitergehen, meint sie lakonisch: «Afrika ist die Schutthalde Europas.» Etwas geradeaus, dann nach links. Monsieur Grogba lebt in einem kleinen, absolut sauberen, sehr aufgeräumten Betonbau. Im Vorraum steht ein Gaskocher mit einer grossen Pfanne darauf, und es gibt eine Tür, die zu einem winzigen Zimmer führen muss.

«Guten Tag, Monsieur Grogba, wie geht es Ihnen?»

Hinter flaschenbodendicken Brillengläsern strahlen Augen.

«Madame Lotti! So schön, Sie kommen mich besuchen?»

«Ja und ich habe jemanden mitgebracht.»

Monsieur Grogba steht umständlich auf, wir geben uns die Hand, er bietet uns zwei Schemel an, meint, seine Frau käme sicher auch gleich, sie sei nur schnell Wasser holen gegangen.

Es duftet gut nach frisch gekochtem Essen. Lotti erklärt mir, dass viele der Slumbewohner für drei Tage vorkochen und das Essen dann morgens und abends aufwärmen. Nicht nur um davon zu essen, sondern auch um es zu konservieren.

Nachdem Lotti ein paar Sätze mit Monsieur Grogba gewechselt hat, bittet sie ihn, mir seine Geschichte zu erzählen, und der Mann, der viel älter wirkt, als er ist, beginnt:

«Ich hatte oft Glück in meinem Leben. Dank einer französischen Frau, die sich für meine Familie engagierte, konnte ich zur Schule gehen. Doch als ich zwölf war, das war 1962, bekam ich Lähmungserscheinungen in beiden Beinen. Die wurden bald so stark, dass ich nicht mehr gehen konnte. Drei Jahre verbrachte ich auf dem blanken Boden, bis ich – dank unserer Wohltäterin – am Rücken operiert wurde. Das Schönste war, dass ich danach wieder zur Schule durfte. Ich studierte Buchhalter und fand eine gut bezahlte Stelle. Es ging mir sehr gut. Doch vor fünf Jahren bekam ich eine Arthrose im Knie, die mich kaum mehr gehen liess, mein Rücken begann zu schmerzen, gleichzeitig wurden meine Augen immer schlechter, sodass mein Arbeitgeber mich eines Tages fristlos entliess. Ohne Lohn, ohne Abfindung, ohne nichts. Da wir gespart hatten, konnten wir noch einige Zeit in unserer Wohnung bleiben. Aber weil ich keine Arbeit mehr fand, kam der Tag, an dem wir hierher ziehen mussten. Nach vier Jahren Arbeitslosigkeit musste ich mir etwas ausdenken, denn wir, meine Frau, unsere Tochter und ich, hatten nichts mehr zu essen. Ich

kaufte eine Bürste, Scheuermittel, Handschuhe, einen Mundschutz und – wurde Latrinenputzer.»

Nun erklärt Lotti:

«Im Slum teilen sich zehn Familien eine Toilette. Meist ist sie so verdreckt, dass sie niemand mehr benutzen und schon gar keiner putzen will. Deshalb siehst du auch so viele ihre Notdurft im Freien verrichten. Also: Monsieur Grogba – »

Monsieur Grogba unterbricht sie:

«Sagen Sie doch Benjamin, bitte.»

«Benjamin Grogba schloss mit den Familien einen Vertrag ab.»

«Ich sagte ihnen: Ich putze für euch die Toilette, wenn mir jede Familie hundert CFA gibt.»

Lotti rechnet für mich:

«Fünfundzwanzig Rappen! Mal zehn Familien sind das zwei Franken fünfzig oder tausend CFA.»

«Die Familien unterschrieben die Verträge, sie waren froh, kümmerte sich endlich jemand um ihre Latrinen. Mit der Zeit verdiente ich so viel, dass es nicht nur für unsere Miete und das Essen reichte, sondern dass unsere Tochter sogar auf eine gute Schule gehen konnte. Darauf bin ich ganz besonders stolz. Eines Tages hörte ich dann von Madame Lotti und ihrem Ambulatorium. Ich nahm meinen ganzen Mut zusammen, ging zu ihr und fragte, ob sie einen Latrinenputzer brauchen könne, und sie sagte einfach: ‹Ja.› Ich habe dann einige Zeit bei ihr gearbeitet, aber als die Schmerzen immer schlimmer wurden, musste ich aufhören. Ich fragte Lotti, ob meine Frau die Arbeit übernehmen könne. Und Madame Lotti sagte wieder einfach: ‹Ja›. Madame Lotti ist eine Frau mit sehr viel Gefühl, eine sensible Frau und erst noch eine mit Charme. Inzwischen habe ich ein kleines Geschäft aufgemacht.»

Lotti fragt erstaunt:

«Ein kleines Geschäft, Monsieur Grogba?»

«Ja, ich mache die Verträge mit den Familien und habe bereits drei Mitarbeiter, die die Arbeit dann ausführen. Das Problem ist nur, dass wir zu wenig Plastikhandschuhe und Atemschutzmasken haben.»

«Sie scheinen tatsächlich ein guter Buchhalter zu sein, Monsieur Grogba.

Sie machen das gut, Sie werden noch zum Grossunternehmer. Ich werde versuchen, Ihnen das, was Sie brauchen, zu besorgen.»

Als Monsieur Grogbas Frau zurückkommt, freut sie sich über den Besuch ihrer, wie sie sagt, «patronne» und würde gerne noch ein wenig mit uns plaudern, aber Lotti erklärt ihr, wir müssten zurück, da uns sonst die Zeit und das Flugzeug davonflögen.

Auf dem Weg zum Auto erinnert sie sich an ihre erste Begegnung mit Benjamin Grogba:

«Er ging damals schon sehr schwerfällig. Bevor er ins Büro eintrat, fragte er: ‹Madame, haben Sie Zeit für mich?› Erst auf mein Nicken kämpfte er sich die beiden Stufen empor, setzte sich und meinte: ‹Madame, ich bin Latrinenputzer.› Ich kann dir sagen, es brach mir schier das Herz. Damals wusste ich nicht, dass er bloss drei Jahre älter ist als ich, ich dachte: Das könnte mein Vater sein! In der Schweiz würde so jemand AHV und bestimmt eine Invalidenrente erhalten, und hier steht er da und fragt, ob er unsere Toiletten putzen darf. Nun, ich stellte ihn sofort ein, auch wenn ich genau wusste, dass unsere Putzfrauen die Arbeit auch hätten machen können. Ich bin froh, dass seine Frau schliesslich die Arbeit übernommen hat. Denn für den Weg von seiner Hütte zu uns, für den du zu Fuss etwa zwanzig Minuten hast, benötigte er über eine Stunde.»

Das Auto springt an. Amen! Nachdem wir die Hühner abermals zu Tode erschreckt haben, betrete ich das Ambulatorium. Ein letztes Mal. Christ rast auf mich zu, ich nutze die Energie, packe ihn unter den ausgestreckten Armen und wirble ihn einmal durch die Luft, was er zum Jauchzen schön findet. Vor dem Fernseher sitzen Alphons, Felix, Arlette mit ihrem kleinen, immer noch so dünnen Hermas, der Crevette, und Chantal. Auf dem Bildschirm sehe ich einen gut gekleideten Mann.

«Da hast du ihn, unseren Präsidenten: Monsieur Gbagbo. Er gehört übrigens zur Ethnie der Bete.»

«Ethnie?»

«In der Elfenbeinküste leben ungefähr sechzig verschiedene Ethnien. Ein Glück für uns, denn wären es nur zwei, dann hätte ich nicht die Hand ins Feuer gelegt, dass hier nicht auch das Gleiche geschieht wie damals in Ruanda.»

Ich höre dem Präsidenten zu, erfahre, dass er sich um die Waisen des Krieges kümmern wird. Ein Räuspern hinter meinem Rücken lenkt mich ab.

«Adelaide!»

«Ich bin gekommen, um Adieu zu sagen.»

Ich klaube meinen orangen Kugelschreiber aus der Tasche, lege ihn in Adelaides Hand, frage sie nach ihrer Geschichte mit den Brutkästen.

«Meine Zwillinge kamen zu früh zur Welt, sie legten sie in den Brutkasten. Da es mir gut ging, besuchte ich sie dort und» – sie hält einen Moment inne, fährt dann leise fort – *«fand sie von Ameisen übersät.»*

«Ameisen?»

«Die Glukoseinfusion hatte irgendwie ein Leck und zog Ameisen an. Ich nahm die beiden heraus, schaute in die anderen Brutkästen. Es gab noch einen, in dem sich die Ameisen tummelten. Das Baby darin war bereits – du weisst schon.»

Ich umarme Adelaide, nehme wortlos Abschied von ihr.

Abschied! Ob Lea wohl tatsächlich gegangen ist? Ich gehe schnurstracks zu ihrem Bett, sie liegt da. Sieht elend aus. Ihr mürrisches Königinnengesicht ist weich vor Schmerz. Sie habe, erklärt sie mir, heute Morgen heftigen Durchfall bekommen. Ich wische ihr eine Träne aus dem Gesicht, drücke ihre Hand. Auf Wiedersehen, Lea. Auf Wiedersehen, Noëlle. Auf Wiedersehen, Felix, YaYa, Chantal, Monique, Arlette. Am schwersten fällt es mir, Emanuel Adieu zu sagen und Christ und Mohamed.

Vor dem Ambulatorium, wo ich noch die Tasche holen muss, treffe ich Monsieur Konaté.

«Guten Abend, Monsieur Konaté, was tun Sie denn hier? Sie haben heute doch frei.»

«Nun, Lotti hat mir gesagt, dass Sie heute fortgehen, und ich wollte mich verabschieden.»

«Deshalb sind Sie gekommen? Das ist schön.»

Bevor er meine Hand ergreift, fragt er, wieso ich keine Uhr trage.

«Ich habe sie zu Hause gelassen. Warum?»

«Nun, ich habe mich einfach gefragt, ob es in der Schweiz auch Menschen gibt, die sich keine Uhr leisten können.»

«Haben Sie eine Uhr?»

«Oh, nein.»

Monsieur Konaté lächelt.

«Wissen Sie, wie sehr Lotti sie mag?»

«Ich kenne keinen Menschen, weder weiss noch schwarz, der so ist wie sie. Ich bete jeden Tag darum, dass sie die Kraft, hier zu bleiben, immer wieder von neuem findet – darf ich Sie zum Abschied um etwas bitten?»

«Eine Uhr?»

«Nein. Darum, dass auch Sie beten, dass Madame Lotti nie die Kraft verliert.»

Nachwort

25. Juni 2003 Jean-Marie stirbt an einer Lungenembolie.

1. Juli 2003 Lea, die mürrische Königin, stirbt.

2. Juli 2003 Jeannette, die nach dem Sinn des Todes fragte, stirbt.

20. Juli 2003 Therese, die nicht aus ihrer Hütte wollte, bevor Lotti aus Kairo zurückkam, stirbt.

21. Juli 2003 Noëlle erfährt, dass sie nicht ins Dreifachtherapie-Projekt aufgenommen wird. Chantal hingegen hat es geschafft.

27. Juli 2003 Noëlle, Emanuels Mutter, stirbt. Ihr Todeskampf dauert über achtundvierzig Stunden. Arlette, die Flüchtlingsfrau, legt Emanuel zu ihren beiden Kindern auf die Matratze.

28. Juli 2003 Chantals Hämoglobin sinkt wegen der Medikamente auf 4,3 Gramm pro Deziliter.

2. August 2003 Chantal, die Mutter von Christ, stirbt. Auch Christ bleibt vorläufig im Sterbespital. Ihm geht es den Umständen entsprechend gut.

13. August 2003 Die Regierung will den Krankenwagen ohne Einfuhrzoll herausgeben, allerdings nur unter der Bedingung, dass er Eigentum des Staates bleibt und jederzeit eingezogen werden kann. Nach langem Ringen mit sich selbst akzeptiert Lotti den Vorschlag.

28. August 2003 Emanuel, der keine sieben Kilo mehr wiegt, kriegt seine erste Ration Dreifachtherapie. Zugenommen hat dafür Arlettes Kind Hermas, den Lotti nun nicht mehr Crevette, sondern Buddha nennt.

29. August 2003 Der kleine Mohamed, inzwischen achtzehn Monate alt, wird positiv getestet. Die einzige verbleibende Hoffnung ist, dass man sich in seinem Geburtsdatum getäuscht hat und ein späterer Test ein anderes Resultat bringen wird.

13. November 2003 Ich reise abermals nach Abidjan und bringe Monsieur Konaté seine Uhr.

Mein Dank

Bei meiner Arbeit habe ich viel Unterstützung erhalten. Liebevolle von meinem Mann Frank und unseren beiden Kindern Lina und Maximilian. Zeitlich unbegrenzte von meiner verlässlichen Erstleserin und Schwiegermutter Elke Baumann. Aufbauende von meiner ehemaligen Lektorin Regula Walser. Anerkennende von meinem Verleger Gian Laube. Medizinische vom Zürcher Tropenarzt Dr. Kurt Markwalder, der Afrika aus eigener Erfahrung kennt. Sehr wohlwollende von meiner jetzigen Lektorin Katharina Rengel. Ihre Bereitschaft, sich voll auf das Thema einzulassen, und ihr feines Gespür für das Wesentliche liessen unsere Zusammenarbeit federleicht werden. Und – last but not least – erhielt ich auch von Lotti Latrous selbst sehr viel Unterstützung, indem sie mir bei der Umsetzung unserer Begegnung uneingeschränkte Freiheit gelassen hat. Ihnen allen gehört mein Dank.

Gabriella Baumann-von Arx